La Vie de Khadîja

Épouse du Prophète de l'Islam ﷺ

www.iqrafrance.com

ISBN : 978-2-916316-00-0

La Vie de Khadîja

Épouse du Prophète de l'Islam ﷺ

ÉDITIONS IQRA

LES GRANDES FIGURES DE L'ISLAM

« *Les musulmans et les musulmanes, les croyants*
et les croyantes, les hommes pieux et les femmes pieuses,
les hommes sincères et les femmes sincères,
les hommes patients et les femmes patientes,
ceux et celles qui craignent Allah, ceux et celles
qui pratiquent la charité, ceux et celles
qui observent le jeûne, ceux et celles qui sont chastes,
ceux et celles qui invoquent souvent le Nom du Seigneur,
à tous et à toutes, Allah a réservé Son pardon
et une magnifique récompense ».
S33. V35.

« Gabriel te transmet son salut, ô Khadîja,
et t'annonce la bonne nouvelle
d'une maison en perles dans le paradis
où il n'y aura ni souci ni vacarme ».
Le Prophète ﷺ.

« La meilleure des femmes de cette époque-là
fut Marie, fille de 'Imrâne, et la meilleure
des femmes de cette époque-ci est Khadîja ».
Le Prophète ﷺ.

Avant-propos

Rares, pour ne pas dire inexistants, sont les ouvrages qui ont été consacrés, d'une façon particulière, à la première mère des croyants, à savoir Khadîja et ce, malgré le fait qu'elle soit la première personne à avoir cru au message de Mohammed ﷺ parmi les hommes et les femmes, au moment où tout le monde, y compris ses plus proches parents, l'accusait d'imposture et le rejetait. Les seules biographies qui lui ont été consacrées font partie d'ouvrages et de livres racontant la vie et l'œuvre des femmes illustres dans l'histoire de l'Islam [1]. Pourtant, cette grande et noble dame était, à elle seule, une communauté (*oumma*), dans la mesure où elle fut la première croyante de cette nation (musulmane) à avoir en foi en le message apporté par le Prophète ﷺ, pour lequel elle s'engagea de toute son âmc et sacrifia tout ce qu'elle possédait pour sa noble cause.

Cette femme était illustre en tant que croyante, à la fois ferme et inébranlable ; elle était illustre en tant que femme en épousant un homme chargé dans cette vie, d'un message sublime avec tout ce que cela englobe comme peines et persécutions qu'il aurait à endurer, tout ce qu'il allait subir indûment comme torts et tous les

1. Moi-même je l'ai fait dans mon ouvrage « *Les premières femmes de l'Islam* » ou les « *Compagnonnes du Prophète* ﷺ », paru aux Éditions Tawhid à Lyon, fin 2006.

malheurs qui allaient s'abattre sur Mohammed ﷺ, pour accomplir comme il se doit sa noble mission. Son soutien moral et spirituel était, il va sans dire, fondamental voire décisif, dans l'accomplissement par le Prophète ﷺ de sa mission, sachant ce que ce dernier eut à supporter comme souffrances ainsi que toutes les hostilités auxquelles il était en butte de la part de ses concitoyens, dont l'ingratitude lui était douloureuse.

Elle était aussi illustre en tant que femme riche et distinguée pour avoir soutenu le Prophète ﷺ avec ses biens et ses richesses, et en agissant avec un parfait désintéressement et un dévouement absolu. Elle s'était également illustrée en tant que mère sachant qu'Allah dans sa sagesse voulut qu'elle perde ses fils en bas âge. Cependant, sa grande affection maternelle, fit qu'elle éleva et éduqua de la façon la plus édifiante qui soit ses quatre filles Zeïneb – Roqueyya – Oum Kelthoûm et Fatima az-Zahra. Chacune des filles de Khadîja était un exemple de l'épouse fidèle, dévouée et vertueuse. En d'autres termes, un exemple de la bonne compagnie avec l'époux dans ce bas monde, comme en témoigne le hadith suivant où le Messager d'Allah ﷺ dit :

« La meilleure des jouissances de ce bas monde, est la femme vertueuse. ».

Elle s'était en outre acquis la renommée principalement par sa foi inébranlable et sa certitude sans failles qui l'amenèrent à croire en son époux sans aucune réticence. On peut apprécier d'autant plus le mérite de cette foi, sachant que certaines épouses de prophètes antérieurs avaient renié leurs époux et refusé de croire en leurs messages, comme le rapporte le Coran au sujet de deux d'entre elles, en l'occurrence l'épouse de Noé عليه السلام et celle de Loth عليه السلام : « *Allah propose comme exemples aux infidèles la femme de Noé et celle de Loth. Toutes deux étaient unies à deux vertueux de Nos serviteurs et elles les trahirent. Mais cela ne leur fut d'aucun secours contre Allah* ». (S.66, V.10)

C'est dire le degré de la grandeur atteint par cette illustre et exceptionnelle femme dont la place ne peut être qu'avec « *les prophètes et les véridiques, les martyrs et les saints. Quelle bonne compagnie que celle-là !* ». (S.4, V.69).

Quelle meilleure marque de respect pour honorer la mémoire de cette sublime femme que de rapporter le récit de sa vie et de ses mérites ? Quel meilleur exemple à offrir aux épouses et aux mères qui appartiennent à l'époque présente que de les inviter à prendre connaissance de sa personnalité afin qu'elle soit pour elles une source de référence et d'émulation ?

Une femme noble,
issue d'une famille noble

Il s'agit de Khadîja bint Khûwaylid Ibn Assad Ibn Abd El-'Ozza Ibn Qoçay dont la généalogie du côté de son père s'arrête à Louayy Ibn Ghaleb Ibn Fihr. Du côté de sa mère Fatima Bint Hâla, sa généalogie s'arrête aussi à Louayy Ibn Ghaleb Ibn Fîhr, un des grands ancêtres des Arabes. C'est dire combien sa lignée était noble et honorable.

Déjà, au temps de la *djahiliyya* (période antéislamique), Khadîja était renommée à la Mecque, pour sa chasteté et sa sincérité, à un point tel qu'on la surnommait la « pure » et qu'on la considérait comme la maîtresse des femmes qoraïchites.

Khadîja était d'une grande beauté physique. Elle se maria deux fois avant d'épouser le Prophète ﷺ. Elle épousa la première fois Abou Hâla Ibn Zurâra, un riche qoraïchite possédant une grande fortune. De cette union naquît un garçon qui finit par mourir quelques jours après sa naissance. Ensuite, elle eut un second garçon à qui elle donna le prénom de Hind et ce, pour conjurer un tant soit peu le mauvais sort.

Hind grandit avec Fatima Zahra et il faisait déjà partie de l'élite des musulmans. Il vouait à 'Ali Ibn Abou Tâleb رضي الله عنه un amour sans bornes. La preuve en est qu'il était l'un de ses hommes les plus dévoués. Il fut tué lors de la bataille du chameau au moment où il combattait avec l'armée de l'imam 'Ali.

Même après la mort de son époux, la fortune de Khadîja ne faisait que s'accroître. Elle était pour ainsi dire très habile dans l'art du commerce au point où son honneur et sa loyauté firent que ses affaires prirent de l'essor. On rapporta à ce titre que sa caravane qui transportait des marchandises vers la Syrie égalait de par son importance, toutes les caravanes des qoraïchites.

Khadîja épousa ensuite un autre homme riche issu des Banou Makhzûm, Atîq Ibn Aïd Ibn Abdullah Al-Makhzoumi en l'occurrence. Mais son second mariage, ne dura que peu de temps. Par la suite, elle refusa toute demande en mariage pour se consacrer exclusivement à son activité commerciale.

L'historien Al-Waqîdi souligne à ce titre que la beauté de Khadîja conjuguée à l'abondance de ses biens, à son honneur irréprochable et à la noblesse de sa famille faisaient d'elle une femme très convoitée, dont bien des dignitaires qoraïchites se disputaient la main.

Outre sa beauté physique, sa richesse matérielle et son honneur irréprochable, Khadîja était aussi connue pour sa dévotion et sa chasteté. Elle jouissant d'un grand respect à cet égard.

Sa famille, pareillement, était réputée pour sa noblesse et son sens de l'honneur. Selon les historiens, c'est son père Khûwaylid Ibn Assad qui, un jour, s'était opposé à Tuba', pour l'empêcher d'emmener avec lui la pierre noire « Al-hajar al aswad » au Yémen, non sans le mettre en garde contre une horrible vengeance divine à encourir au cas où il persisterait à le faire.

Les différents chapitres de ce livre vont nous offrir l'occasion d'apprécier la portée des actes de dévotion avec lesquels Khadîja se caractérisait ainsi que ses positions mémorables auprès du Prophète ﷺ qu'elle assista, depuis le premier jour de la descente de l'Archange Gabriel عليه السلام, jusqu'aux derniers instants de sa vie, quand son âme pure rejoignit à tout jamais le Compagnon Suprême, le laissant dans un profond chagrin.

La rencontre bénie de la pure et du digne de confiance

Déjà au temps de la *djahiliyya* (période antéislamique) Khadîja était désignée par le surnom de « La pure » (Et-Tâhira) alors que Mohammed ﷺ portait celui du « digne de confiance » (El-Amîne).

Quand le Prophète Mohammed ﷺ rencontra Khadîja pour la première fois, il avait à l'époque vingt cinq ans. C'est-à-dire qu'il était dans la force de l'âge, de vitalité et de jeunesse. Il va sans dire que c'est une tranche d'âge que les jeunes consacrent généralement aux divertissements et à l'insouciance de la vie.

Si les historiens, à l'instar des auteurs qui ont écrit la biographie du Prophète ﷺ, sont tous unanimes à relater la sincérité et la loyauté du Messager d'Allah ﷺ peu d'entre eux, avaient traité de cette partie de la vie de Mohammed ﷺ où il était un jeune homme de vingt ans, ni même plus jeune ou plus vieux de quelques années.

À ce titre Mohammed Ibn Ishâq rapporte un récit qui remonte à l'imam 'Ali Ibn Abou Tâleb رضي الله عنه rapportant que Mohammed ﷺ fut tenté deux fois tout au long de sa vie, c'est-à-dire lorsqu'il était en pleine jeunesse. Seulement à chaque fois Allah le Très-Haut, le préserva du mal. En effet l'imam 'Ali Ibn Abou Tâleb رضي الله عنه rapporta ceci : « J'ai entendu le Messager d'Allah ﷺ dire : « Pendant toute ma vie, je n'ai envisagé qu'à deux reprises de suivre certaines coutumes des gens de la *djahiliyya*. Mais à chaque fois Allah le Très-Haut s'interposait pour me préserver du mal et ce, jusqu'à ce qu'Il m'honora de la prophétie. En effet, une nuit, j'ai demandé à un jeune qoraïchite qui avait l'habitude de garder les moutons avec moi au sommet de la Mecque de prendre soin de mes moutons, le temps de faire un tour du côté de cette ville, une façon pour moi de me divertir un peu comme les autres jeunes de mon âge. Ce jeune qoraïchite accepta et en prenant la direction de la Mecque, je fus attiré par une ambiance festive produite par des tambourins et des flûtes, dont on percevait les sons qui s'échappaient de la première maison qui se présentait devant moi. Lorsque je demandai les raisons de ces réjouissances, on me répondit qu'il s'agissait du mariage d'untel avec la fille d'untel. Je décidai alors de m'asseoir pour apprécier le spectacle. Cependant Allah le Très-Haut me fit sombrer dans un sommeil si profond que mon réveil ne fut provoqué que par les premiers rayons de soleil. En retournant auprès de mon compagnon, il m'interrogea : « qu'as-tu fait ? » Je lui répondis : « rien de spécial » avant de lui raconter ce qui s'était passé. Une autre fois je lui demandai de me rendre le même service et il accepta. En arrivant à la Mecque, je fus attiré par les mêmes bruits que la première fois. Je décidai alors de m'asseoir pour apprécier le spectacle. Cependant Allah le Très-Haut me fit sombrer dans un sommeil tellement profond que mon réveil ne fut provoqué, encore une fois, que par les premiers rayons de soleil. En retournant auprès de mon compagnon, je lui ai raconté ce qui s'était passé. Depuis, plus aucune tentation ne m'effleura l'esprit jusqu'à ce qu'Allah le Très-Haut m'honora de la prophétie. »

Cela dit, ce qu'a voulu nous signifier le Prophète ﷺ est clair et ne contient aucune forme d'ambiguïté. Il était en pleine jeunesse, et quoi de plus normal pour un jeune homme voulant se divertir au même titre que les jeunes de son âge. Mais Mohammed n'était pas n'importe quel jeune homme, car le destin qui lui était réservé excluait tout acte pouvant entacher la mission pour laquelle il avait été choisi. Aussi, Allah a voulu qu'il ne soit pas permis au futur Prophète ﷺ de commettre le moindre mal et ce, en le maintenant dans la pureté, éloigné de toute forme de péché jusqu'à ce qu'il épousa Khadîja.

Le mariage de Mohammed ﷺ avec Khadîja consacra cette liaison sacrée entre un homme pur, sincère et digne de confiance et une femme pure noble et chaste, et qui plus est, était la maîtresse des femmes qoraïchites. D'ailleurs, leur mariage fut l'objet de plusieurs récits élogieux.

Mais ce mariage n'était pas un mariage normal, entre deux êtres attirés par l'amour et l'envie de partager une vie commune, c'était une union, certes bâtie sur l'amour pur et désintéressé, mais c'était surtout une symbiose entre deux âmes exceptionnelles, unies par la providence divine, pour assumer une mission surhumaine qui changera la face du monde.

Le Prophète ﷺ a dit dans un célèbre hadith, cité dans le *Sahîh* d'El-Boukhâri ce qui suit : « Les âmes sont pareilles à des armées alignées ; celles qui ont des points en commun s'attirent les unes les autres, et celles qui sont incompatibles, se rejettent les unes les autres ».

L'âme de Khadîja et celle du Prophète ﷺ étaient destinées à se rencontrer dans cette vie, avant la rencontre éternelle de l'au-delà.

Au service de Khadîja

Dans leur narration des faits, les historiens sont en désaccord lorsqu'il s'agit pour eux de déterminer la façon ainsi que les circonstances ayant amené le Prophète Mohammed ﷺ à travailler au service de Khadîja comme gérant de ses caravanes.

Et c'est Ibn Ishâq qui dit à ce titre dans sa *sira* :

« Khadîja employait des hommes dans son commerce tout en versant à chacun d'entre eux un salaire et une part du bénéfice acquis. Puis, quand elle entendit parler du Prophète ﷺ comme ayant la réputation de quelqu'un de véridique dans ses propos, aux qualités morales indéniables et à la loyauté irréprochable, elle se rapprocha de lui et lui proposa de gérer son commerce et de prendre la tête de la caravane en direction de la Syrie, en contrepartie d'un salaire meilleur que celui qu'elle donnait à un autre homme. Le Prophète ﷺ accepta donc la proposition et sortit avec la caravane en compagnie d'un certain Maïssara, un serviteur à elle. » Voilà en substance le récit qu'a rapporté Ibn Ishâq et qui est soutenu par bon nombre d'historiens.

Néanmoins, il existe d'autres récits défendant la thèse selon laquelle le contact entre le Prophète ﷺ et Khadîja avait eu lieu à la suite d'une suggestion faite par son oncle paternel Abou Tâleb un jour où le Prophète ﷺ lui rendit visite. C'est ainsi qu'il lui dit : « Ô neveu ! Comme tu le sais, je suis un homme sans ressources et les temps sont de plus en plus durs pour nous. J'ai entendu parler d'une caravane commerciale appartenant à Khadîja qui s'apprête à prendre la direction de la Syrie encadrée par des gens de ta tribu. Si tu vas la voir et que tu lui proposes tes services elle acceptera vite ton concours. ». Seulement la fierté et le sens de l'honneur empêchèrent Mohammed ﷺ d'aller la voir. Quand Abou Tâleb prit connaissance de cette situation, il se chargea lui-même de rendre visite à Khadîja et de lui proposer les services de son neveu, le sincère, le digne de confiance. Ce à quoi elle lui aurait répondu : « Même si tu nous avais proposé les services d'un homme lointain, nous aurions sans aucun doute accédé à ta proposition. Que dire alors de quelqu'un qui nous soit proche et qui, de surcroît, n'est autre que celui à la réputation d'un homme sincère et digne de confiance. ».

Quelle que soit la variété des récits portant sur la précision des circonstances ainsi que les causes ayant concouru à la rencontre entre le Prophète ﷺ et Khadîja, il n'en demeure pas moins qu'une telle variété ne constitue en aucun cas une source de divergences profondes.

Toutefois, toutes les versions qui sont retenues par les historiens insistent sur les détails du voyage de la première caravane emmenée par le Prophète ﷺ en compagnie d'un serviteur à Khadîja, Maïssara en l'occurrence.

Un voyage couronné par le mariage du Prophète ﷺ avec Khadîja.

Si l'âge du Prophète ﷺ avoisinait à l'époque les vingt cinq ans, selon (les opinions de tous) les historiens, celui de Khadîja par contre, était l'objet de divergences chez les historiens. En effet, il y a ceux qui ont parlé d'un âge approchant les quarante cinq ans, tout comme il y a ceux qui ont défendu la thèse des quarante ans. Ce qui n'était l'opinion d'Ibn 'Abbas qui avait soutenu que Khadîja avait à l'époque vingt huit ans.

Il est vrai que la version d'Ibn 'Abbas soutenant que Khadîja était âgée de vingt huit ans quand elle épousa Mohammed ﷺ est celle qui est la plus proche de la logique, et ce, pour la simple raison qu'elle lui donna par la suite trois garçons : Al-Qâsim, At-Tahar et At-Tayeb ainsi que quatre filles : Zeyneb, Roqueyya, Oum Keltoum et Fatima az-Zahra. Il est inconcevable, en effet, pour une femme d'accoucher sept fois après avoir dépassé l'âge de quarante, à plus forte raison celui de quarante cinq ans.

Mohammed ﷺ partit donc voir Khadîja pour la première fois.

Khadîja était une femme intelligente, noble et très belle. Elle avait un cœur généreux, débordant de douceur et de tendresse. Son expérience et sa connaissance des caractères des hommes, elle les tenait de l'époque où elle commença à faire participer nombre d'entre eux à la gestion de son commerce. Preuve en est, qu'elle dialoguait facilement avec eux et vice versa, et il lui arrivait même d'échanger avec eux des idées ayant trait aux exigences de son commerce.

En outre, Khadîja se maria à deux reprises avant de refuser par la suite, toute autre demande de mariage.

Quand elle rencontra Mohammed ﷺ pour la première fois, elle décela très rapidement en lui les qualités d'un homme unique en son genre, et elle n'avait pas l'habitude de rencontrer de semblables qualités chez les autres hommes. Certes, comme tous les habitants de la Mecque, elle connaissait sa réputation d'homme noble et digne de confiance, honorant l'hôte et le voisin, défendant l'opprimé et le pauvre, comme elle le lui rappellera plus tard, mais c'était la première fois qu'elle avait eu affaire directement à lui. Ce qu'elle connaissait de lui pour en avoir entendu parler se confirma dés leur première rencontre.

Ceux qui ont eu à écrire sur l'agréable biographie du Prophète ﷺ ont tenu à décrire ses caractéristiques, à l'instar de l'historien As-Suhayli qui, dans son livre « *Al-rawdh al-anif* », décrit Mohammed ﷺ lors de sa première rencontre avec Khadîja en faisant ce commentaire : « C'était un jeune au visage beau et aux traits d'un Arabe avec un teint resplendissant, de taille moyenne, ni très grand de taille, ni petit ou trapu. Il avait un front étincelant, un cou long et une poitrine large, une tête couronnée d'une chevelure noirâtre, de grands yeux noirs bien fondus qui dégageaient une lueur à la fois attrayante et captivante sous des sourcils longs et très noirs. Quand il parlait ou souriait, des dents écartées brillaient de sa bouche. »

En plus de cette description, Mohammed ﷺ se caractérisait par une personnalité qui suscite du respect et de l'amour. Il était comme l'avait décrit l'imam 'Ali Ibn Abou Talib ؓ, quelqu'un de bienveillant qui savait écouter son interlocuteur.

Et quoi de plus beaux que ces vers consacrés au Prophète ﷺ par le chantre de l'amour prophétique, l'illustre poète El-Busayri :

« La compréhension de sa réalité a dérouté les hommes. Près de lui et loin de lui, on ne voit que des gens réduits au silence.

Tel le soleil qui, de loin, semble petit pour les yeux, mais éblouit ceux qui le regardent de face.

Comment des gens endormis et satisfaits de leurs rêves pourraient-ils, ici-bas, saisir sa réalité ?

Tout ce que l'on sait sur lui c'est qu'il appartient à l'espèce humaine et qu'il demeure la meilleure de toutes les créatures de Dieu ». [1].

Et ce n'est que dans la logique des choses si l'admiration de Mohammed ﷺ pour Khadîja avait précédé l'admiration de Khadîja pour lui. Il s'agit, bien sûr, de l'admiration d'ordre affectif.

---

1. Cf « *El-Burda* », par Charafuddine Al-Busayri, par Hamza Boubekeur, Paris, 1980.

En effet, un homme chaste, noble et de bonne moralité, ne peut permettre à son cœur de battre d'une façon sincère et naturelle pour une femme, que si ses intentions envers elles sont sérieuses. D'ailleurs, à l'époque, Mohammed ﷺ était un homme pauvre qui ne pensait même pas à se marier. Tout ce qui préoccupait son esprit, c'était de travailler pour gagner sa vie ainsi que celle de son oncle Abou Talib et de son cousin 'Ali ﷺ qu'il considérait comme son propre fils.

Quant à Khadîja, au fond d'elle-même, elle savait pertinemment qu'elle faisait l'objet de convoitise de la part de chaque notable qoraïchite. Elle était à la fois belle, riche, chaste et spirituelle. Malgré tous ces atouts dont elle jouissait, cela ne l'empêcha guère de renoncer à se marier une nouvelle fois car, parmi les prétendants qui se sont présentés pour demander sa main, qui étaient nombreux au demeurant, aucun d'eux ne répondait à ses aspirations, elle qui s'était mariée par deux fois sans pour autant trouver le bonheur spirituel tant recherché.

Il est dans la logique des choses de constater que la personnalité de Mohammed ﷺ avait ébloui Khadîja, même si elle ne laissait rien paraître de ses sentiments. Peut être qu'à l'époque, elle voyait son mariage avec un aussi bel homme, jeune et de surcroît intègre et digne de confiance comme un rêve inaccessible, à cause leur différence d'âge, d'une part, et à son statut social qui était loin d'égaler celui de ces riches qu'elle avait refusé, d'autre part.

L'historien Al-Waqidi relate un récit singulier au sujet du mariage de Mohammed ﷺ avec Khadîja qu'il serait utile de signaler ici, tant il nous dépeint à quel point Khadîja était belle et faisait l'objet de convoitises de la part des hommes. Pourtant, malgré le fait qu'elle eût été riche, c'est elle qui a fait le premier pas vers Mohammed ﷺ pour gagner son cœur et non l'inverse, comme ont tendance à le faire croire de manière arbitraire certains orientalistes aux esprits malveillants à l'image de Margueliouth lorsqu'il écrit dans son livre intitulé : « La vie de Mohammed et l'histoire de l'Islam » ceci : « Mohammed ﷺ s'intéressa à Khadîja à cause de sa fortune au point de reléguer au second plan leur différence d'âge. »

Plus loin, cet auteur prétend à tort que dans un premier temps. Mohammed ﷺ s'était présenté devant son oncle paternel Abou Talib pour demander la main de sa fille Oum Hani avant d'essuyer un refus de la part de celui-ci à cause de son indigence. Quand Abou Tâleb accorda la main de sa fille à un homme riche, Mohammed ﷺ accusa mal le coup au point de souffrir énormément. Depuis, il mesura l'importance de l'argent dans la vie. Le mépris que le Prophète ﷺ avait manifesté durant toute sa vie à l'égard de l'argent et des biens éphémères de ce bas monde, est le démenti le plus simple à apporter à ces assertions. Ne disait-il pas, en effet, que « la vraie richesse n'est pas celle des biens matériels, mais celle de l'âme ? ». Ne disait-il pas : « Malheureux est l'adorateur du dinar et du dirham ? ». Ne disait-il pas : « Sois dans ce bas monde comme un étranger ou un voyageur ? ». Les paroles de ce type, sont légion dans la tradition du Prophète ﷺ. Ne disait-il pas aussi : « Qu'ai-je à voir avec votre bas monde ? Mon exemple par rapport à votre bas monde est comme l'exemple d'un voyageur qui, après un long voyage, s'est assis à l'ombre d'un arbre pour se reposer, et qui, une fois reposé, a continué sa route en laissant l'arbre » ?

De tels propos ne font à priori que traduire la mauvaise foi de cet orientaliste envers l'Islam et ce en dénigrant de la sorte le Prophète ﷺ. Car aucun homme noble qui aspire à épouser une femme ne le fait pour sa fortune. Et c'est justement le Prophète ﷺ qui dit à ce titre :

« Quiconque épouse une femme pour sa richesse, Allah l'appauvrira. »

L'historien Al-Waqidi ajoute que lorsque Khadîja décida de se marier avec Mohammed ﷺ elle savait pertinemment que son père s'opposerait à une telle liaison dans tous les cas, à cause d'une part de la pauvreté du Prophète ﷺ et, d'autre part, pour avoir refusé nombre de prétendants parmi les riches et les dignitaires qoraïchites. Pour ce faire, elle fit boire du vin à son père au point de le soûler. Ensuite, elle lui fit mettre sa meilleure tunique tout en prenant soin de le parfumer. Ensuite, elle fit égorger une vache pour la circonstance et fit venir Mohammed ﷺ en compagnie de ses oncles paternels. Et c'est ainsi que son mariage fut conclu. Quand le père de Khadîja reprit ses esprits et qu'il regarda les vêtements qu'il portait, ajouté à la bonne odeur qui se dégageait de lui, il s'exclama avec étonnement : « Qu'est-ce que ces vêtements que je porte et tout ce parfum que je dégage ? » Khadîja répondit : « Tu les as mis pour ma fête. » Il demanda avec stupéfaction : « Ta fête ?... » Elle répondit : « Oui... (ma fête) car tu viens d'accorder ma main à Mohammed fils de 'Abdullah... ». Après quoi le père de Khadîja poussa un cri en disant : « Moi ? Moi accorder ta main à Mohammed Ibn 'Abdullah ? Oh que non ! Comment ferais-je une chose pareille alors que tu as éconduit les plus notables des qoraïchites lorsqu'ils se sont présentés pour demander ta main ? »

Quel que soit le degré de véracité de cette histoire, il n'en demeure pas moins qu'elle nous permet de tirer comme enseignement que Khadîja a fait elle-même le premier pas dans sa liaison sacrée avec le Prophète ﷺ.

Mais revenons en arrière, au moment où Mohammed ﷺ s'apprêtait à travailler au service de Khadîja dans son commerce.

Quand Mohammed ﷺ prit la route de la Syrie, à la tête d'une importante caravane, il était en compagnie d'un serviteur à elle portant du nom de Maïssara.

Selon l'historien Tabari, Khadîja promit à Mohammed ﷺ de lui accorder la meilleure et la plus importante prime dont aucun autre avant lui n'avait pu en bénéficier.

Dès que la caravane arriva en Syrie, le Prophète ﷺ demanda à ce que les chameaux soient agenouillés le temps d'aller se reposer à l'ombre d'un arbre. Il y avait à cette époque là, un monastère tout près de l'arbre en question, où se trouvait un moine. En réalité, celui-ci ne faisait qu'épier les mouvements de Mohammed ﷺ au point que des signes d'admiration se lisaient sur son visage, ayant décelé en lui des signes prémonitoires qui ne trompent pas Il s'approcha de Maïssara et lui demanda : « Qui est cet homme adossé à cet arbre ? » Maïssara lui répondit : « Il s'agit d'un homme parmi les nobles de Koraïch » Le moine lui fit cette confidence : « Quand il s'est dirigé vers cet arbre, j'ai vu un nuage se déplacer avec lui pour le protéger contre la chaleur du soleil. Quand il a pris place sous l'arbre, ses branches se sont penchées dans sa direction. » Maïssara répondit : « C'est ce que je viens de remarquer effectivement. Bien plus, une chose curieuse nous est arrivée en cours de route. » « Laquelle ? » Demanda le moine. Maïssara répondit : « A un moment donné et tout d'un coup, deux chameaux se sont arrêtés et ont refusé d'avancer. Quand je l'en informais, il se dirigea vers eux puis se mit à leur caresser les pieds. Par enchantement, ils sont devenus les plus forts et les plus vigoureux des chameaux de toute la caravane. » Le moine dit alors : « Effectivement...Ce qu'il a fait est très simple pour lui...Cet homme a perdu son père alors qu'il était dans le sein de sa mère. N'est-ce pas ? » Maïssara lui demanda : « C'est juste. Mais d'où tiens-tu tout cela ? » Il répondit : « Tout ce que je sais, c'est qu'il sera le Prophète de cette communauté... ».

Comme beaucoup de chrétiens dévots et versés dans la méditation de la Bible, ce moine a dû sûrement bien méditer les versets de la Bible (Ancien et Nouveau Testament) qui annoncent la venue du dernier Prophète, et les signes qu'il avait vu dans le jeune Mohammed ﷺ l'ont conforté dans sa conviction.

D'ailleurs, ce récit a été rapporté par un grand nombre de chroniqueurs et d'historiens à quelques détails prés.

Ensuite Mohammed ﷺ retourna à la Mecque avec la caravane après avoir vendu toute la marchandise qu'elle transportait non sans la remplacer par une autre de Syrie. Avec cette caravane Khadîja réalisa des gains substantiels.

Naturellement, Maïssara rapporta à sa maîtresse tout ce qu'il avait entendu de la part du moine et tout ce à quoi il assista comme inclinaison des branches lorsque le Prophète ﷺ s'adossa à l'arbre, comme nuage se déplaçant avec lui et comme fait marquant concernant les deux chameaux.

La grande passion...
puis le mariage béni

La personnalité éminente et unique en son genre du Prophète ﷺ ne fit que gagner l'estime et l'admiration de Khadîja pour lui. Une telle admiration s'accentua davantage à son retour de Syrie avec la caravane, quand elle apprécia son dévouement ainsi que sa moralité sans faille et sa pudeur.

Nul doute que Khadîja occupait une place de choix dans le cœur du Prophète ﷺ et ce, pour lui avoir témoigné bien des égards et pour l'avoir couvert d'affection et de tendresse. Tout cela le toucha au point sensible de son âme pure, dont se dégageait de temps à autre des airs tristes provoqués par des souvenirs douloureux.

Des souvenirs qu'avait Mohammed ﷺ de sa mère Amina Bint Wahb qui quitta ce monde alors qu'il n'était qu'un enfant dont l'âge ne dépassait guère les six ans, le privant ainsi de la tendresse maternelle. Une tendresse qu'essaya de compenser un tant soit peu la femme de son oncle paternel en l'occurrence Fatima qui le considérait comme son propre enfant avant de mourir à son tour…

Nul doute que la douceur, la compassion ainsi que la tendresse de Khadîja avaient provoqué chez le Prophète ﷺ un sentiment d'amour empreint d'un profond respect envers sa personne.

A ce titre, certains historiens affirment que Mohammed ﷺ trouvait du plaisir à entendre parler de Khadîja. Il prêtait davantage l'oreille quand on se mettait à louer ses mérites. Seulement, il se garda d'exprimer le moindre sentiment envers elle et ce, par fierté d'âme conjuguée à sa pudeur et à sa moralité exemplaire.

Quelles que soient les circonstances, une femme arrive par son seul instinct féminin à déceler, voire à ressentir si l'homme qu'elle admire, l'aime vraiment ou pas, même si ce dernier ne lui fait pas part de ses sentiments.

Dans cet ordre d'idées, nul doute aussi que Khadîja avait bel et bien capté un tel message en étant sensible aux sentiments de Mohammed ﷺ à son égard. Et ce n'est pas la suite des évènements qui nous contredira à ce sujet.

Pour leur part, les historiens ne se sont pas accordés pour déterminer avec exactitude les circonstances ayant abouti au mariage du Prophète ﷺ avec Khadîja après son retour de Syrie. Et c'est Hichâm Ibn Mohammed qui dit à juste titre : « Khadîja était une femme pleine de fermeté, douée d'intelligence et très connue pour sa noblesse de caractère ». Lorsque Maïssara lui fit des révélations se rapportant au Prophète ﷺ, elle n'hésita pas à faire appel à lui et à lui déclarer tout simplement ceci : « Ô cousin ! J'ai tant désiré être ton épouse, en raison de ton lien de parenté avec moi, de ta place au sein de ton peuple, de ta loyauté, de ta moralité sans faille et de la véracité de tes propos… », avant de lui proposer le mariage.

Dans son récit des faits, Hichâm Ibn Mohammed ajoute : « Khadîja était incontestablement la plus belle, la plus noble, la plus illustre et la plus riche des femmes qoraïchites. Quand elle proposa le mariage à Mohammed ﷺ, celui-ci informa à son tour ses oncles paternels. C'est alors que Hamza Ibn 'Abd El-Mouttalib l'accompagna chez Khuwaylid, le père de Khadîja pour demander la main de celle-ci. Et c'est ainsi que leur mariage fut conclu. » C'est là l'un des récits rapportés pour la circonstance.

Il existe toutefois un autre récit, plus proche de la réalité et plus accepté que celui de Hichâm Ibn Mohammed même si les deux se rejoignent, du moins au début. En effet, il est rapporté que Khadîja fut prise d'une grande admiration pour le Prophète ﷺ au point de souhaiter sans détours le prendre pour époux. Seulement, sa pudeur et, sa grande fierté aidant, firent qu'elle hésita à s'ouvrir à lui. Chose qui la poussa à refouler ses sentiments envers lui sachant qu'un tel refoulement ne faisait qu'embraser sa flamme surtout que sa relation (commerciale) avec le Prophète ﷺ avait cessé depuis à peu près la dernière expédition l'ayant mené vers la Syrie.

Dans un premier temps, Khadîja pensa faire une nouvelle fois appel à ses services pour qu'il parte à la tête d'une seconde caravane car cela lui permettrait de le rencontrer et de renouer le contact et ainsi, de discuter avec lui sur des choses se rapportant à la caravane. Néanmoins, elle renonça vite à cette idée du fait que le voyage de Mohammed ﷺ vers la Syrie, une seconde fois, n'aurait que l'éloigner d'elle pour une longue période sans compter les dangers qu'il encourrait à travers un tel voyage sachant qu'en ce temps-là bien des caravanes commerciales ont eu à subir de temps à autre la loi des brigands et des pillards.

Cela étant, Khadîja avait une confidente du nom de Nefissa Bint Muniyya à qui elle s'était confiée et auprès de qui elle avait épanché son cœur, lui faisant part des sentiments qui ne cessaient de préoccuper son esprit. Dans un élan de compassion envers sa compagne, Nefissa sortit de la maison de Khadîja pour se diriger tout droit vers celle du Prophète ﷺ.

Le Prophète ﷺ connaissait déjà Nefissa Bint Muniyya et il savait qu'elle était une fidèle amie de Khadîja.

Une fois devant lui, Nefissa entama le sujet du mariage avec tact en posant au Prophète ﷺ la question suivante : « Pourquoi renonces-tu à la vie en soumettant ta jeunesse à des privations ? » Lorsque Mohammed ﷺ lui demanda d'être plus explicite dans ses propos, elle lui déclara : « Ô Mohammed ! Ne veux-tu pas d'une épouse qui puisse te combler de tendresse, te tenir compagnie et chasser à l'occasion la solitude autour de toi ? ». Il lui répondit : « Je n'ai pas de quoi financer mon mariage. » C'est alors que Nefissa se saisit de l'occasion pour lui rétorquer : « Et si on te proposait celle qui possède tout à la fois la beauté, la richesse et la noblesse de caractère que répondrais-tu ? », avant de lui dire toute la vérité.

Et voilà que Mohammed ﷺ prit la direction de la maison de Khadîja en compagnie de ses oncles paternels, en l'occurrence Abou Tâleb et Hamza, pour demander sa main. D'ailleurs, le mariage fut contracté rapidement, et une cérémonie fut préparée pour la circonstance. Au cours de cette cérémonie à laquelle avait pris part son oncle Abou Tâleb, ce dernier prit la parole en disant : « Louange à Allah qui a fait de nous les descendants d'Abraham et la semence d'Ismaël, de même que la racine et la progéniture de Ma'ad et de Modhar ; Il a fait de nous les gardiens de Sa Maison ; Il nous a donné une Maison voilée et une enceinte sacrée sûre et Il a fait de nous les juges des autres gens. Cela dit, Mohammed ne peut être comparé à un homme sans qu'il ne prenne le dessus sur lui, que ce soit en dignité, en noblesse, en mérite ou en intelligence. Si Mohammed manque de richesses [matérielles], les richesses sont des biens à la fois éphémères et compensables. Il veut Khadîja Bint Khûwailid pour épouse et elle le veut également pour époux. ».

L'oncle paternel de Khadîja, 'Amroû Ibn Asad prit à son tour la parole pour vanter les mérites des deux fiancés et donner son accord à ce mariage.

D'autres sources précisent que Waraqa Ibn Noufel, le fameux cousin de Khadîja, que nous verrons plus loin, au moment de la révélation faite par l'ange Gabriel عليه السلام

du Coran à Mohammed ﷺ, fut présent à cette cérémonie à qui, il donna sa bénédiction.

On rapporte que sa dot s'élevait à l'époque à une douzaine de pièces d'or que Mohammed ﷺ honora à partir de la prime qu'il avait reçue, conséquence de la quote-part qu'il lui revint des gains découlant de son voyage vers la Syrie, au service de Khadîja.

Le jour du mariage, Mohammed ﷺ pleura non pas en se retrouvant lié par des liens sacrés avec Khadîja mais parce qu'il venait de voir Halima Assa'diyya, sa nourrice quand il était enfant, entrer chez lui afin de le féliciter pour son mariage. C'est alors qu'il se rappela sa mère qu'il chérissait tant. Lui qui était fidèle à sa nourrice, sachant que la fidélité fait partie de ces grandes qualités morales qui sont reconnues à l'homme.

En voyant les larmes d'émotion s'écouler de ses yeux, Khadîja se mit alors à les essuyer du bout de ses doigts avant de l'entourer d'une tendresse débordante, émue par ce qu'elle venait de voir. En guise de reconnaissance envers la nourrice du Prophète ﷺ, Khadîja offrit à celle-ci quarante têtes de moutons, consacrant de la sorte un amour sans précédent.

Pour l'histoire, Khadîja fut la seule femme parmi les mères des croyants à avoir aimé le Prophète ﷺ avant de l'épouser et ce, à cause de la grande admiration qu'elle lui vouait en tant qu'homme réunissant en lui toutes les qualités morales sans qu'elle ne soit attirée par un quelconque signe de sa prophétie, du moins au début de son amour pour lui. Même si elle avait décelé en lui des signes attestant d'une personnalité exceptionnelle, ce qui était rare, voire impossible dans la société arabe de l'époque, car elle aussi, avait des qualités et des prédispositions à la spiritualité qui l'amenèrent à croire en lui dés le début de la Révélation, il semble qu'elle l'ait aimé pour ce qu'il était et non pour ce qu'il allait devenir.

De son côté, Mohammed ﷺ aima cette illustre femme d'un amour si noble et si profond qu'il survécut même à la mort de Khadîja. Son souvenir ne le quitta jamais et ce jusqu'à son dernier souffle.

Ils vécurent ensemble plus d'une quinzaine d'années, période au cours de laquelle elle donna l'exemple parfait d'une épouse affectueuse, d'une mère débordante de tendresse et d'une campagne qui voyait dans le sacrifice pour son époux la voie la plus garante de leur bonheur à tous les deux.

Un soutien infaillible

Son soutien moral décisif du Prophète ﷺ au début de la Révélation.

Ce sont la sagesse et la miséricorde d'Allah, le Très-Haut, qui ont préparé les circonstances et qui ont rassemblé les causes ayant abouti au mariage de Mohammed ﷺ avec Khadîja. Cette union bénie allait, comme nous allons le découvrir, servir de soutien moral et affectueux à Mohammed ﷺ lorsqu'il affrontera la phase la plus critique et la plus décisive de sa mission, à savoir la première apparition de l'ange Gabriel عليه السلام dans la grotte de Hirâ.

Tout homme qui lutte dans cette vie, a besoin avant tout d'une femme à ses côtés, qui puisse estimer à leur juste valeur les efforts consentis dans son travail ainsi que sa lutte continue. Une femme capable de faire de la maison conjugale un nid tranquille à même de faire oublier à cet homme les tracasseries de sa vie quotidienne, certes morose, et lui permettre ainsi d'accueillir un lendemain sous de bons auspices avec une envie sincère de continuer sa lutte. Avoir pareille épouse est la meilleure jouissance de ce bas monde comme tient à nous le rappeler le Prophète ﷺ.

Parmi la miséricorde d'Allah le Très-Haut envers Son Prophète ﷺ, il y a le fait qu'Il lui ait accordé Khadîja pour épouse. Elle qui resta à ses côtés pour le soutenir dans les moments les plus difficiles et les plus durs de son existence.

C'est à juste titre, d'ailleurs, que le professeur El-'Aqqâd a dit : « Mohammed ﷺ n'a pas trouvé à ses côtés une jeune femme, certes noble, mais qui ne sait pas quoi faire et qui panique devant n'importe quelle situation, mais il a trouvé un cœur généreux, une grande âme et un refuge dans lequel son cœur et sa conscience trouvent la sérénité et la quiétude » [1].

La vie de Khadîja a suscité l'intérêt de bon nombre d'orientalistes et certains d'entre eux ont eu à éditer de volumineux ouvrages portant sur l'Islam et sur le message de Mohammed ﷺ. Malheureusement, il existe parmi eux des cercles bien malintentionnés qui veulent porter atteinte à la personne de Khadîja et cela est corroboré par leur fanatisme aveugle et leur mauvaise foi.

Seulement, certains orientalistes, à l'image de Baudley, ont eu tout de même la décence de se débarrasser de telles pratiques et ce, en prenant soin de chercher à connaître les véritables sentiments de Khadîja ainsi que sa vraie personnalité. Les meilleurs écrits qui lui ont été consacrés, sont ceux rapportés par Baudley dans son livre intitulé : « *La vie de Mohammed* » où il dit :

---

1. Cf Abbâs Mahmoûd El-'Aqqâd « *Fâtima az-Zahra* », p. 221. Cité dans « *Musulmanes éternelles* », par Mohammed 'Omar Edda'oûq et Mohammed 'Ali El-Qutb, éditions de la bibliothèque moderne, Saïda, Beyrouth.

« Certes, la foi de Khadîja et son dévouement à Mohammed trouvent leur explication dans l'amour qu'elle lui portait, un amour né de son admiration pour sa sincérité et sa loyauté. Sa foi en lui n'a fait que consolider davantage sa confiance en sa personne et cela a eu, certes, un grand impact sur les premières étapes de l'apostolat de Mohammed. ».

L'écrivain allemand Goethe a célébré aussi la mémoire de cette illustre femme en la décrivant comme « la bien-aimée épouse du Prophète » et en disant « qu' elle est l'une des trois femmes élues du paradis, avec Zoulîkha, Marie et Fâtima az-Zahra » [1].

De son côté, l'orientaliste allemande Anne-Marie Schimmel a écrit ces belles phrases sur elle : « Il est difficile d'évaluer à sa juste valeur le rôle de Khadîja, la première épouse du Prophète ; cette veuve, riche marchande, mère de plusieurs enfants, offrit sa main à Mahomet, alors son employé de plusieurs années son cadet, et lui donna des enfants. Elle fut celle qui, après les premières visions et messages divins, consola et encouragea Mahomet et le persuada que ces apparitions, dont il avait fait l'expérience dans la grotte de Hirâ, lors de ses exercices de recueillement, n'étaient pas d'origine démoniaque mais divine. Elle porte non sans raison, le titre honorifique de « mère des croyants » et « meilleure des femmes », ce dernier étant un nom de fille toujours

1. Voir Abdelhamid Benachenhou « *Goethe et l'Islam* », éditions Dâr Cherîfa, Alger.

très apprécié jusqu'à nos jours. Beaucoup de musulmans modernes – et à fortiori de musulmanes ! – n'ont cessé d'insister sur son rôle décisif dans l'histoire de l'Islam de la première heure. Mahomet l'aimait tendrement. C'est seulement après sa mort, en 619, après plus de vingt cinq ans de mariage, qu'il épousa, au cours des années, un certain nombre d'autres femmes, dont la très jeune 'Aîcha, la fille de son fidèle ami Abou Bakr. Les autres femmes étaient des veuves, des femmes divorcées ou d'anciennes esclaves » [1].

L'histoire de la descente de l'Archange Gabriel ﷷ sur le Prophète ﷺ apportant avec lui la Révélation fut un évènement auquel aucun homme en ce temps-là n'était en mesure de donner crédit tant les faits étaient extraordinaire et semblaient inconcevables pour les esprits de l'époque. Cependant, il n'y a que l'amour sincère et profond qui puisse réaliser des choses qui relèvent du miracle.

Ainsi était la foi de Khadîja à l'égard du message de Mohammed ﷺ.

Les deux époux vécurent donc une vie tranquille empreinte de bonheur et de sérénité, tout au long des quinze années ayant précédé la prophétie de Mohammed ﷺ au cours desquelles Allah le Très-Haut les combla de fils et de filles. D'ailleurs ils ne connurent le chagrin que lorsque la volonté d'Allah (que Sa sagesse soit

1. Cf Annemarie Schimmel « *Mon âme est une femme : la femme dans la pensée islamique* ». Éditions J.C. Lattès, Paris, 1988.

magnifiée) fit en sorte qu'ils assistèrent avec impuissance à la disparition successive de leurs deux fils, en l'occurrence Al-Qâsim – avec le nom duquel le Prophète ﷺ était surnommé Abou El-Qâsim – ainsi qu'at-Tahar.

De par sa générosité sublime, le Messager d'Allah ﷺ adopta Hind Ibn Abou Hala, le fils de Khadîja issu du premier lit, qu'il aima et chérit comme son propre fils. Pour l'histoire, celui-ci participa avec le Messager d'Allah ﷺ à la bataille d'Ohod. Son amour et son attachement pour 'Ali Ibn Abou Tâleb رضي الله عنه étaient grands. Il fut tué en combattant à ses côtés lors de l'épisode du chameau.

Avant que la révélation divine ne commence à descendre sur lui, le Messager d'Allah ﷺ avait pour habitude de quitter sa maison et de se retirer dans la grotte de Hirâ où il passait de longs moments dans la méditation et la contemplation, fuyant le milieu corrompu de ses concitoyens polythéistes et cherchant la voie de la vérité en suivant la voie de l'isolement et de la retraite, qu'Allah lui fit aimer et désirer, en attendant de se révéler à lui. Il n'était pas facile, certes, à une femme à la place de Khadîja de laisser son époux s'absenter du domicile conjugal pour de longs moments avec comme argument de se consacrer exclusivement à l'adoration ; surtout que cela se déroulait pendant la période antéislamique, une période dominée par l'immoralité et la corruption des mœurs. En effet, il est arrivé aux gens de violer la sacralité de la Ka'ba au point où, lorsqu'un homme ne trouvait pas d'endroit propice pour s'adonner à l'adultère, il se rabattait tout simplement sur la Ka'ba pour commettre son infamie comme tient à le souligner l'historien Tabari.

D'ailleurs, la légende de Açafa et de la prostituée du nom de Nayla était célèbre auprès des gens qui prétendaient que les idoles se vengèrent sur le couple en le transformant tout bonnement en pierres.

Khadîja avait une confiance absolue en la chasteté et en la moralité irréprochable de Mohammed ﷺ. Le Prophète ﷺ quant à lui passait la majorité du mois de Ramadhan retiré dans la grotte de Hira, dans la contemplation et la méditation, loin de sa famille, non sans distribuer des aumône ici et là aux pauvres et aux miséreux, qui passaient à proximité de la grotte. Pendant tout ce temps-là, Khadîja continuait à prendre soin de lui, même à distance, dans sa solitude, puisqu'elle était toujours à l'écoute de ses nouvelles à travers ceux qu'elle envoyait pour veiller sur lui et l'approvisionner en eau et en nourriture.

Dès qu'il achevait son mois en méditation, Mohammed ﷺ descendait vers la Ka'ba pour accomplir tout autour les sept tournées rituelles avant de rentrer chez lui pour rejoindre Khadîja.

'Âïcha, la mère des croyants, a dit à ce propos : « La Révélation se manifesta d'abord au Prophète ﷺ sous la forme de visions pieuses qu'il avait dans son sommeil ; ces visions lui apparaissaient toujours avec une clarté pareille à celle de l'aurore. Puis il se mit à aimer la solitude ; il se retirait dans la grotte de Hirâ pour se livrer au *tahannouth*, c'est-à-dire à la pratique d'actes d'adoration pendant un certain nombre de nuits, sans rentrer chez lui. Il se munissait de provisions pour cela, puis rentrait chez Khadîja pour se réapprovisionner avant de repartir. Cela, jusqu'au moment où la Vérité se manifesta à lui dans la grotte de Hirâ » [1].

Lors de l'année au cours de laquelle Allah le Très-Haut voulut combler Mohammed ﷺ en l'honorant de Son message, celui-ci rejoignit comme à l'accoutumée la grotte de Hira et cela se passait en plein mois de Ramadhan. Avec sa sincérité admirable, le Prophète ﷺ rapporta ce qui lui arriva comme évènement exceptionnel en disant :

« J'étais en plein sommeil quand l'Archange عليه السلام se présenta devant moi avec un beau livre de brocart, en me disant : « Lis ! ». Je répondis : « Je ne sais pas lire ». Puis il m'étreignit fortement contre lui au point où, à un moment donné, j'ai pensé que mon heure était arrivée avant de me relâcher en répétant : « Lis ! ». Je répondis : « Je ne sais pas lire » Ce n'était là qu'une façon de ma part d'éviter qu'il ne me fasse de nouveau subir le même traitement. Aussi il dit : « *Lis, au nom de ton Seigneur qui a créé, qui a créé l'homme d'une adhérence. Lis ! Ton Seigneur est le Très Noble, qui a enseigné par la plume*

1. Cf 'Abd Al-Halim Aboû Chouqqa, dans « *Encyclopédie de la femme en Islam* » Éditions Al-Qalam, Paris 1998.

[le calame], a enseigné à l'homme ce qu'il ne savait pas. » (S. 96. V1-5). Quand je me suis mis à lire, il me laissa faire puis il prit congé de moi. »

Le Messager d'Allah ﷺ continua à rapporter ce qu'il lui était arrivé après le départ de l'Archange Gabriel عليه السلام. D'ailleurs ses propos laissent entendre qu'à chaque fois que l'Archange Gabriel عليه السلام venait lui rendre visite, il le trouvait dans un état proche de celui du sommeil, état dans lequel le Prophète ﷺ restait même après le départ de l'Archange Gabriel عليه السلام. Ensuite, il enchaîna :

« En me réveillant, c'est comme si un livre venait d'être écrit dans ma poitrine ».

Mohammed ﷺ était terrifié au plus haut point par ce qu'il venait de subir comme évènement extraordinaire. Aussi, quand il se rappela les propos de l'Archange Gabriel عليه السلام, il s'imagina, à un moment donné, qu'il était possédé par un démon ou bien qu'il était sous l'emprise du démon de la poésie, ce qui l'amena à dire : « Il n'y avait pas pire à mes yeux qu'un poète ou un dément ! Je ne pouvais supporter de les voir devant moi ! Aussi, je me suis dit que je ne saurais être l'un des deux et je ne permettrai jamais aux qoraïchites de me traiter de la sorte. Et puis mieux valait pour moi d'aller au sommet de la montagne pour me précipiter dans le vide et d'en finir une bonne fois pour toutes. C'est alors que j'ai décidé de joindre l'acte à la parole (c'est-à-dire de me suicider). Arrivé au milieu de la montagne, j'entendis un appel venant droit du ciel qui me disait :

« Ô Mohammed ! Sache que tu es désormais le Messager d'Allah, le Très-Haut et que je suis bel et bien l'Archange Gabriel. »

Je me suis mis alors à le regarder, tout en oubliant l'idée que j'avais à l'esprit (celle du suicide). Figé à ma place, je n'arrivais ni à avancer ni à reculer. Puis, en levant mon regard vers l'horizon, je le vis partout où je tournais mon regard. Et je restais pétrifié à l'endroit même où je me trouvais, n'arrivant ni à avancer ni à reculer. »[1].

Vraisemblablement, le Messager d'Allah ﷺ demeura en cet état un long moment. Car comment expliquer qu'entre-temps Khadîja, son épouse, avait déjà envoyé l'un de ses serviteurs pour prendre de ses nouvelles, et qu'à son retour, il informa sa maîtresse de l'absence du Prophète ﷺ de la grotte de Hira?. Fait inhabituel au point de susciter une grande inquiétude chez Khadîja qui, sans perdre de temps, envoya un groupe d'hommes à sa recherche. Le Messager d'Allah ﷺ continua : « Khadîja envoya ses émissaires me chercher jusqu'à la Mecque alors qu'au même moment je demeurais figé à ma place. Puis quand l'Archange Gabriel prit congé de moi, je décidai de rentrer chez moi. »

Le Messager d'Allah ﷺ continua à rapporter avec détail ce qui lui arriva en cette mémorable journée, la réaction de Khadîja, sa magnifique épouse, son retour

1. Voir « *La Sira d'Ibn Kathîr* ». Traduction de Messaoud Boudjenoun. Éditions Universel, Paris, 2007.

auprès d'elle en éprouvant une grande frayeur, et étant à l'image d'un enfant terrifié qui se réfugie auprès de sa propre mère, qui le fait asseoir dans son giron avec tendresse. [1].

Mohammed ﷺ ajouta : « Quand je rejoignis Khadîja en me réfugiant auprès d'elle, elle me dit : Ô Abou Al-Qâsim, où étais-tu passé ? J'ai envoyé des gens jusqu'à la Mecque pour te chercher avant de revenir sans nouvelles de toi ? » Je lui dis : « Le pire qui puisse m'arriver est d'être sous l'emprise du démon de la poésie ou d'être possédé par un démon. » Elle répondit : « Par Allah, Allah ne te fera jamais subir un tel affront. Je sais que tu es quelqu'un de véridique dans ses paroles, doté d'une loyauté irréprochable, d'une moralité sans failles et qui plus est préserve ses liens de parenté. Qu'est-il arrivé, Ô cousin ?! Peut être que tu as vu quelque chose ? » C'est alors que Mohammed ﷺ lui raconta ce qui lui était arrivé.

Khadîja donna du crédit non seulement à chaque mot mais bien plus, à chaque lettre prononcée par son époux, le sincère, le digne de confiance ﷺ. Et avec un visage resplendissant de joie, elle lui dit : Ô cousin ! Réjouis-toi. » Puis en constatant toujours les signes d'agitation chez lui, elle ajouta : « Rassure-toi !... Par Celui qui tient l'âme de Khadîja dans Sa Main, j'espère que tu seras le Prophète de cette communauté ! ». Cette

1. Cf Mohammed Kâmil Hassan El-Muhâmi, In « *Khadîja bint Khuwaylid* », éditions La bibliothèque universelle, Beyrouth.

réaction de la noble Khadîja prouve qu'elle était une femme prédestinée par la volonté divine à être aux côtés du Prophète ﷺ en ces moments cruciaux. Qu'aurait été, en effet, la suite des événements pour le Prophète ﷺ, du moins sur le plan psychique et moral, s'il avait eu affaire à une autre femme que Khadîja ? Et c'est à juste titre qu'il dira plus tard : « Les meilleures femmes du paradis sont : Assia bint Muzâhim, la femme de Pharaon, la vierge Marie, Khadîja bint Khuwaylid et Fâtima, la fille de Mohammed ».

Khadîja – comparée aux autres femmes de son époque – avait un degré élevé en sciences et en intelligence. Elle était issue d'une famille religieuse qui croyait en Allah, le Très-Haut en rejetant le culte des idoles. En outre, son cousin Waraqa Ibn Noufel était un chrétien érudit très versé dans la connaissance des anciens textes religieux. Par ailleurs, elle était convaincue quelque part, que son époux allait être le Prophète de cette communauté. En voulant s'assurer davantage du bien fondé de sa pensée, elle demanda à son époux l'autorisation de rendre visite à son cousin paternel, afin de l'informer de ce qui lui était arrivé et, par conséquent, d'avoir son avis à ce sujet.

Une fois devant lui, Khadîja se mit à lui rapporter fidèlement tout ce qu'elle avait entendu de la bouche même de son propre époux. Waraqa Ibn Noufel prêta une oreille attentive à ses propos puis, comme s'il était en train de parler à lui-même ou bien de faire des louanges, il s'exclama : « L'Esprit Saint ! L'Esprit Saint ! Ô Khadîja ! Crois-moi, il s'agit du grand Esprit Saint qui vient de descendre sur Mohammed ﷺ. Aussi, elle lui demanda : « Qui est ce Grand Esprit Saint ? » Waraqa Ibn Noufel lui répondit : « Il s'agit de l'Archange Gabriel عليه السلام. Celui qui descendait sur Moïse. Ô Khadîja, Mohammed sera le Prophète de cette communauté ! Dis-lui de se rassurer. » [1].

Khadîja retourna vite auprès de son bien-aimé époux. Dès qu'elle le vit, ses yeux se remplirent de larmes d'émotion et de joie avant de lui confier ce qu'elle avait entendu de la bouche même de son cousin paternel Waraqa Ibn Noufel.

L'historien Tabari souligne que les propos rapportés par Khadîja à Mohammed ﷺ de la part de son cousin Waraqa Ibn Noufel le soulagèrent, quelque peu, de ses soucis.

Par la suite, Waraqa Ibn Noufel s'empressa de rejoindre la maison de Khadîja pour rendre visite au Prophète ﷺ et lui demander de lui raconter tout ce qu'il lui était arrivé en cette mémorable journée.

Une fois que le Prophète ﷺ eut terminé de raconter son récit, Ibn Noufel s'exclama : « Par Celui qui tient mon âme dans Sa Main, tu es le Prophète de cette communauté. Tu viens de recevoir la visite de l'Esprit Saint qui est descendu auparavant sur Moise. On te traitera de menteur, on te persécutera, on te poussera à l'exil et on te combattra. » Puis Waraqa Ibn Noufel colla sa tête

1. Même source.

contre la terre avant d'embrasser la tête du Prophète ﷺ lui disant : « Si je suis encore vivant, ce jour là, je l'assisterai vigoureusement. » Puis il prit congé de lui.

Khadîja, quant à elle, continua à soutenir son bien-aimé époux en le comblant d'une tendresse digne d'une mère affectueuse.

Lorsque la révélation s'arrêta quelque temps, elle fut pour lui d'un ferme soutien et d'un doux réconfort, dans la mesure où cette interruption momentanée lui causa beaucoup de peine et de douleur. On rapporte que les qoreïchites disaient de lui : « Mohammed est tombé amoureux de son Seigneur ». Ils disaient aussi : « Mohammed a été abandonné par son démon ».

Khadîja l'assista durant cette dure épreuve et fut pour lui d'un grand soutien moral et d'un immense réconfort face aux dénégations de ses concitoyens.

Les mérites de Khadîja et son attitude envers Gabriel

Khadîja ne ménageait aucun effort pour rassurer, autant que faire se peut, le Prophète ﷺ, le tranquilliser et le soutenir davantage dans sa noble mission. Plus précisément en ce moment critique où, le corps tremblant, et l'âme terrorisée, il entra chez elle en s'écriant : « Couvrez-moi !…Couvrez-moi ! ». l'Archange Gabriel عليه السلام lui révéla alors la sourate Al-Muddathir (le revêtu d'un manteau) où il est dit : « *Ô, toi (Mohammed) ! Le revêtu d'un manteau ! Lève toi et avertis. Et de ton Seigneur, célèbre la grandeur. Et tes vêtements, purifie-les. Et, de tout péché, écarte-toi. Et ne donne pas dans le but de recevoir davantage. Et pour ton Seigneur, endure…* » (S. 74, V. 1-7.)

Cette femme exceptionnelle était douée d'une intelligence aiguë et d'une clairvoyance particulière qui lui permettaient de faire face aux situations les plus inattendues. 'Âïcha rapporte dans cette optique, selon le Prophète ﷺ, que celui-ci était assis en compagnie de Khadîja, lorsqu'il vit une créature entre le ciel et la terre. Il informa Khadîja de ce qu'il voyait. Elle lui dit alors : « Approche-toi de moi ». Il s'approcha d'elle. Elle lui dit : « Tu le vois encore ? ». « Oui » répondit-il. « Introduis ta tête sous mon bras », ajouta-t-elle. Il fit ce qu'elle lui demanda. « Tu le vois maintenant ? » dit-elle. « Non » répondit-il. « Réjouis-toi, lui dit-elle alors, car il s'agit d'un ange. Si cela avait été un démon, il n'aurait pas éprouvé de la pudeur ».

Selon l'historien Al-Waqidi, il y a unanimité autour de la thèse selon laquelle Khadîja fut la première personne à croire au message de Mohammed ﷺ et la première à apprendre comment accomplir les ablutions et, partant, à prier après le Prophète ﷺ suivie d''Ali Ibn Abou Tâleb رضي الله عنه, tout jeune qu'il était, ensuite de Fâtima az-Zahra, toute petite elle aussi.

On rapporte qu'elle dit à son époux : « Je suis la première que tu appelleras à l'Islam et la première qui te répondra par oui ».

Ce fut l'Archange Gabriel عليه السلام qui eut le mérite d'enseigner au Prophète ﷺ comment accomplir ses ablutions. On rapporta à ce titre qu'il a suffi à l'Archange Gabriel عليه السلام de frapper avec un coup de talon du côté d'une vallée pour que l'eau se mette à jaillir du sol. Dès lors il عليه السلام commença à faire ses ablutions sous le regard attentif du Prophète ﷺ à l'effet de lui montrer comment se laver le corps pour la prière. Puis Gabriel عليه السلام se leva pour prier, imité par le Messager d'Allah ﷺ. Ainsi celui-ci apprit à la fois comment faire les ablutions et, partant, comment accomplir la prière. Puis il enseigna apprendre aux Gens de la Maison, en l'occurrence Khadîja, 'Ali رضي الله عنه et Fatima comment ils devaient procéder à cet acte.

Khadîja était une femme d'un courage exemplaire. Il suffisait qu'elle soit convaincue de la chose (surtout si celle-ci était acceptée par sa noble conscience) pour l'étaler au grand jour sans jamais se soucier des mauvaises langues dignes des ignares. La preuve en est que dès qu'elle fut convaincue de la personnalité éminente de Mohammed ﷺ, au demeurant unique en son genre, en plus de son admiration pour sa moralité sans failles, elle décida de se marier avec lui sans pour autant tenir compte des réactions de son peuple au sujet de ce mariage. Et puis dès qu'elle fut convaincue de l'apostolat et de la prophétie de Mohammed ﷺ, elle n'hésita pas à répondre à l'appel plus particulièrement quand le Prophète ﷺ lui proposa de faire la prière avec lui au sein même de la Ka'ba en compagnie de 'Ali Ibn Abou Tâleb رضي الله عنه, tout en ayant présent à l'esprit la réaction des gens qui vont assimiler leurs gestes à un défi lancé à leurs idoles et à un désaveu porté à leur culte.

Yahya Ibn Afif a fait une belle description d'une scène originale mettant en exergue le Prophète ﷺ, son épouse Khadîja, et son cousin paternel 'Ali Ibn Abou Tâleb رضي الله عنه en train de prier pour la première fois et ouvertement devant la Ka'ba. En effet, il dit : « Au temps de la *djahiliyya* (période antéislamique) je suis allé à la Mecque et je suis descendu chez Al-Abbas Ibn 'Abd El-Mouttalib. Au lever du soleil, j'étais en train de regarder en direction de la Ka'ba, lorsque je vis un jeune homme lancer son regard vers le ciel avant de faire face à la

Ka'ba. Le temps de s'y placer et voilà qu'un garçon vint le rejoindre pour se mettre à sa droite. Le temps de s'y placer et voilà qu'une femme vint les rejoindre pour se mettre derrière eux. Quand le jeune homme s'inclina, le garçon et la femme l'imitèrent. En se relevant de l'inclinaison, ils l'imitèrent également. En se prosternant, ils firent de même. Aussi je demandai : « Ô Abbas ! S'agit-il d'une chose importante ? Al-Abbas répondit : « Effectivement, il s'agit d'une chose importante. Sais-tu qui est cet homme ? Je répondis : « Non ». Il s'agit de mon neveu Mohammed Ibn 'Abdullah Ibn 'Abd El-Mouttalib, accompagné de son épouse Khadîja Bint Khûwaylid et de son cousin paternel 'Ali Ibn Abou Talib. »

Afif interrogea Al-Abbas : « Mais que font-ils au juste ? » Al-Abbas répondit : « Mon neveu Mohammed vient de m'informer que son Seigneur, qui n'est autre que le Seigneur des cieux et de la terre leur ordonne d'accomplir ce que tu viens de voir. Par Allah je ne connais personne sur terre qui suive cette religion en dehors de ces trois personnes ! » [1].

En agissant ainsi, Khadîja a fait preuve d'un grand courage et d'une force de caractère extraordinaire en embrassant cette religion au vu et au su de son peuple, sans craindre quiconque !

L'historien Mohammed Ibn Ishâq rapporte que Khadîja était très heureuse d'apprendre du Prophète ﷺ que l'Archange Gabriel عليه السلام lui demandait de convier les

1. Même source.

Banou 'Abd El-Mouttalib à un banquet et de leur parler de l'Islam. D'ailleurs, elle se chargea elle-même de la préparation du repas avec le concours d''Ali Ibn Abou Tâleb ﷺ, auquel plus d'une quarantaine d'hommes furent conviés pour la circonstance. Etaient présents les oncles paternels du Prophète ﷺ dont Abou Tâleb, Hamza, Al-Abbas et Abou Lahab. Le même 'Ali prit soin des invités, mettant à leur disposition tout ce qu'ils demandaient comme repas et petit lait. Khadîja, quant à elle, était ravie d'avoir aidé son mari à réaliser ce que lui avait demandé Gabriel عليه السلام.

Seulement, cette cérémonie ne donna pas lieu aux résultats escomptés. En effet, dès que le Prophète ﷺ se mit à parler à ceux qui voulaient l'écouter (de l'Islam), Abou Lahab se leva dédaigneusement pour influencer l'assistance en leur déclarant : « Votre compagnon vous a tout simplement envoûtés. Dispersez-vous ! »

Ils quittèrent donc la maison... De la sorte, Abou Lahab pensa avoir gagné la partie. Malheureusement pour lui, il ne savait pas qu'Allah le Très-Haut allait faire triompher l'Islam, alors que lui serait l'objet de l'opprobre pour l'éternité.

Encore, en guise de représailles contre Mohammed ﷺ et son épouse Khadîja, Abou Lahab et son épouse, la fameuse Oum Djamîl [1], sont allés jusqu'à intimer l'ordre

1. Il s'agit de la fameuse Oum Djamîl, l'épouse d'Abou Lahab, l'oncle paternel du Prophète ﷺ. Elle partageait avec son tristement célèbre époux une haine implacable pour le Prophète ﷺ et pour l'Islam. Elle ne cessait de médire du Prophète ﷺ et de répandre des calomnies à son sujet. C'est à son

à leurs deux fils, Otba et Otayba, de répudier purement et simplement Roqueyya et Oum Kelthoûm, leurs deux filles, avant que le mariage ne soit consommé. Mais c'était sans compter sans la volonté d'Allah qui donnera à ces deux illustres filles de Khadîja, un époux plus noble, plus honorable, plus riche et plus pieux que les deux fils d'Abou Lahab, à savoir 'Othmân Ibn 'Affâne qui épousera Roqueyya puis, après la mort de celle-ci, sa sœur Oum Kelthoûm.

---

adresse ainsi qu'à celle de son époux que fut révélée la sourate El-Masad (la Corde) où ils sont stigmatisés et voués à la damnation éternelle.

Khadîja,
la mère affectueuse

Khadîja était à la fois, une épouse, une mère, une sœur et une compagne pour le Prophète ﷺ.

Il est communément reconnu que les deux époux vécurent dans un bonheur total, si bien que pas l'ombre d'un nuage n'est venu assombrir leur relation. D'ailleurs, il nous a déjà été donné de constater à quel point Khadîja prenait soin du Messager d'Allah ﷺ en le soutenant et en le rassurant après que la Révélation descendit sur lui.

Lorsqu'un mariage est entouré de bonheur, il va sans dire que les deux époux souhaitent que leur union soit couronnée par la venue au monde de petits garçons et de petites filles. De la sorte, leur joie n'en serait que plus complète

Khadîja a fait auparavant l'expérience de la maternité. De son côté, le Messager d'Allah ﷺ entoura Hind, (le fils de Khadîja issu du premier lit) de tendresse et d'égards au point où on a parlé de son adoption par lui.

Néanmoins, elle renonça vite à l'idée d'avoir d'autres enfants à travers son refus de se remarier même avec certains de ses prétendants qui n'étaient pas moins que des dignitaires de Qoraïch qui ne se lassaient pas de demander sa main. A l'inverse, son amour pour Mohammed ﷺ était si fort qu'elle l'aima de tout son être. En clair, elle l'aima avec sa raison, son cœur, son âme, voire son esprit au point où elle espéra qu'Allah le Très-Haut fasse compléter Son bienfait (sur elle) en lui donnant des enfants vertueux issus de son bien-aimé Mohammed ﷺ.

Allah le Très-Haut exauça alors la prière de Khadîja en faisant de sa descendance la famille (Ahl El-Bayt) du Prophète ﷺ, et ce, en comblant les deux époux de fils et de filles dont la dernière ne fut autre que l'illustre Fâtima az-Zahra, mère des deux illustres imams Al-Hacène et Al-Hocine رضي الله عنهما.

Le plus étonnant dans tout cela, est de voir les historiens et ceux qui ont écrit sur l'agréable biographie du Prophète ﷺ rapporter plus qu'une version sur le nombre de garçons que Khadîja donna au Prophète ﷺ. Bien plus, ils étaient en total désaccord au sujet de leur date de leur naissance et celle de leur mort.

Selon Ibn Ishâq, si le Messager d'Allah ﷺ était connu sous l'appellation d'Abou Al-Qâsim, c'était par rapport à l'aîné des garçons nés de Khadîja. Ensuite, il eut un deuxième garçon, At-Tayeb, puis un troisième du nom d'At-Tahar. Tous ses fils moururent pendant la période antéislamique et bien avant la descente de l'Archange Gabriel عليه السلام sur le Prophète ﷺ.

A chacune des disparitions de chacun de ses trois fils, Khadîja sombrait dans un chagrin immense. Seulement, à chaque fois, elle trouvait à ses côtés le Prophète ﷺ pour alléger sa peine et sa souffrance, la consoler, la rassurer et lui rappeler qu'elle avait rendez-vous avec ses enfants au paradis éternel. A la suite de quoi il l'invita à faire preuve d'endurance en contrepartie d'une rétribution de la part d'Allah le Très-Haut.

Abou Horeira ﷺ rapporte à ce titre que le Messager d'Allah ﷺ fut très touché lorsqu'il reçut un jour, la visite d'une mère qui craignait de perdre une nouvelle fois un autre de ses petits garçons, elle qui n'arrivait pas encore à se relever de la souffrance causée par la perte de ses trois autres frères, en lui disant : « Invoque en ma faveur car j'ai enterré trois de ses frères auparavant. »

Chose qui fit réveiller la douleur du Prophète ﷺ en lui rappelant la disparition de ses petits garçons. Aussi, il lança à l'adresse de la femme : « En enterrant tes trois enfants tu viens de la sorte, de te préserver fortement de l'enfer. »

Il est signifié à travers ce noble hadith qu'Allah le Très-Haut connaît l'impact du chagrin et de la douleur qui sont provoqués chez la mère et chez le père, à la suite de la perte d'un enfant. Si bien qu'en contrepartie de leur foi Il leur pardonnerait leurs péchés, les ferait accéder au paradis et les préserverait de l'enfer.

L'historien As-Suhayli rapporta d'après Az-Zoubir Ibn Al-'Aouam ﷺ, qui était le cousin paternel de Khadîja, un récit qui remet en cause la thèse défendue par Ibn Ishâq selon laquelle Al-Qâsim fut l'aîné des enfants du Prophète ﷺ en rejoignant ainsi la majorité des historiens affirmant que Zeineb fut le premier enfant à venir égayer le foyer des deux nobles époux.

Az-Zoubir Ibn Al-'Aouam dit à ce titre : « Un jour, le Messager d'Allah ﷺ est entré chez lui, après la révélation, en trouvant Khadîja son épouse, en larmes. Quand il lui en demanda la raison, elle lui répondit qu'elle venait de constater la présence en abondance de lait dans ses seins avant d'ajouter : « Si au moins Al-Qâsim était encore vivant, il aurait complété son allaitement ! ». Puis elle fondit en larmes. Très touché par ce à quoi il venait d'assister et, dans un geste de compassion, le Messager d'Allah ﷺ lui caressa la tête de ses nobles mains et lui dit : « Il aura une nourrice au paradis qui le fera profiter de son lait. ». Ces propos mirent du baume au cœur de Khadîja au point de répondre à son noble époux : « Si je l'avais su, cela m'aurait soulagé ». Ce à quoi le Prophète ﷺ ajouta : « Si tu veux, je te ferai entendre sa voix depuis le paradis ». Khadîja répondit : « Je crois à ce que dit Allah et Son Messager ».

Pour sa part, Ibn Hazm insiste sur le fait que le Prophète ﷺ n'a eu qu'un seul garçon, après l'apparition de l'Islam, en l'occurrence Ibrahim dont la mère fut Marya, la Copte. D'ailleurs, il mourut tout petit lui aussi, c'est-à-dire avant d'arriver à l'âge de deux ans. Ibn Hazm ajouta que tous les fils du Prophète ﷺ moururent très jeunes et avant l'apparition de l'Islam. La plus âgée de ses filles était Zeineb, suivie de Roqueyya puis d'Oum Kelthoûm et enfin de Fatima az-Zahra.

Par ailleurs, certains historiens sont allés jusqu'à dire que les trois premières filles de Khadîja en l'occurrence

Zeineb, Roqueyya et Oum Kelthoûm avaient pour père Abou Hala (l'ancien époux de Khadîja) et que seule Fatima az-Zahra (la quatrième fille de Khadîja) était issue du Prophète ﷺ.

Selon eux, eu égard à son amour indéfectible envers elles, conjugué à sa compassion et à sa sympathie débordante, le Prophète ﷺ décida tout simplement de les adopter et de les traiter comme ses propres enfants comme ce fut le cas pour Zayd Ibn Haritha, un serviteur que lui avait offert Khadîja et que les gens avaient pris l'habitude d'appeler Zayd Ibn Mohammed. Pour certains, Zayd faisait partie des trois premiers hommes à croire au message de Mohammed ﷺ à savoir : 'Ali Ibn Abou Tâleb ؓ, Abou Bakr Assaddîq ؓ ainsi que Zayd Ibn Haritha ؓ.

Les historiens qui insistent sur le fait que les filles du Prophète ﷺ sont les filles de Khadîja issues du premier lit dont le père ne fut autre qu'Abou Hala, étayent leur jugement en disant que le mariage de Zeineb, par exemple, avec Al-'As Ibn Rabi' a eu lieu avant l'apparition de l'Islam. Elle lui donna ensuite deux enfants : Une fille du nom de Oumâma et un garçon prénommé "Ali. Or, au moment de la révélation du Coran au Prophète ﷺ, Zeineb avait tout juste dix ans. Cela veut dire que si elle avait été sa fille, elle se serait mariée à l'âge de six ans et aurait donné naissance à ces deux enfants, ce qui parait invraisemblable ?! D'ailleurs le même argument a été avancé par ces historiens au sujet de Roqueyya et d'Oum Kelthoûm.

Il importe peu de discuter une telle version, car tout ce qui nous intéresse ici, c'est la vie remarquable de Khadîja qui reflétait le modèle parfait d'une mère idéale, d'une femme exceptionnelle, pleine de foi et de certitude en le message apporté par son époux, douée d'une science débordante et d'un renoncement catégorique aux choses matérielles et éphémères de ce bas monde.

Il est admis que certaines épouses trouvent beaucoup de peine à concilier les devoirs conjugaux et les devoirs envers les enfants, au point d'arriver à affronter de sérieux problèmes au sein de la famille, susceptibles de troubler le bonheur conjugal.

Seulement, avec sa sagesse, Khadîja a su faire de sa vie conjugale avec le Prophète ﷺ des moments de bonheur que ce dernier ne parvenait pas à oublier même après la disparition de Khadîja de plusieurs années et de son mariage avec la belle petite 'Aicha Bint Abou Bakr As-Saddiq ﵁.

N'est-ce pas qu'il a dit à son sujet : « Allah m'a gratifié de l'amour de cette femme (Khadîja) ». [1]

Il est rapporté pour la circonstance que la mère des croyants 'Âïcha a dit un jour de Khadîja : « Jamais je n'ai éprouvé la moindre jalousie envers une femme comme c'était le cas envers Khadîja, tellement le Prophète ﷺ

1. Moslem, *Livre des mérites des Compagnons*, chapitre : « les mérites de Khadîja, la mère des croyants, vol 7, p 134.

parlait beaucoup d'elle. A chaque fois qu'il immolait un mouton, il faisait sortir une part d'aumône en faveur de Khadîja.

'Âïcha a dit en outre : « A chaque fois que le Prophète ﷺ s'apprêtait à quitter la maison, il n'oubliait pas de louer les mérites de Khadîja. En l'entendant parler d'elle un jour, je fus prise de jalousie au point de lui dire : « N'était-elle pas qu'une vieille femme qu'Allah a remplacée par meilleure qu'elle ? » Le Prophète ﷺ entra alors dans une colère qui lui fît dresser les cheveux, avant de lancer : « Non ! Par Allah, Il ne me l'a pas remplacée par meilleure qu'elle ! Elle a cru en moi au moment où les gens me rejetèrent. Elle donna du crédit à mes propos au moment où les gens me traitèrent de menteur. Elle me soutint avec son argent au moment où les gens m'en privèrent et Allah me combla d'enfants d'elle alors qu'il m'en a privé d'en avoir avec d'autres femmes ». 'Âïcha ajouta : « Je me suis dit alors en mon for intérieur : plus jamais je ne critiquerai Khadîja ». [1]

Le Prophète ﷺ et Khadîja devinrent par la suite grand-père et grand-mère avec la venue au monde d''Ali Ibn Abou Al-'As, premier enfant de leur fille Zeineb, laquelle eut ensuite une fille prénommée Oumâma.

Cela dit, Abou Al-'As Ibn Rabi', l'époux de Zeineb était un commerçant matériellement aisé qui voyageait souvent vers la Syrie. Avant d'entreprendre un voyage, il

1. Cf « *Les femmes compagnonnes* ». Par 'Abd El-'Azîz Echennâoui. Éditions La Bibliothèque du patrimoine islamique, le Caire, Egypte.

confiait son épouse et ses deux enfants à sa tante maternelle et belle-mère Khadîja les laissant ainsi à ses soins pendant son absence. Entre-temps, celle-ci, au même titre que le Prophète ﷺ traitait les deux enfants avec beaucoup de tendresse si bien que lorsque leur père revenait de son voyage et qu'il essayait de les récupérer, ils s'accrochaient à leur grand-mère en pleurant à chaudes larmes au point que les yeux de Khadîja se remplissaient de larmes.

Il est communément reconnu que la mère est la personne la plus proche de ses filles que ce soit sur le plan sentimental ou rationnel, si l'on devait examiner la relation qui existe entre un père et sa fille.

Cela s'est d'ailleurs vérifié chez Khadîja qui a eu un grand mérite en amenant sa fille Fâtima à embrasser l'Islam avec une foi profonde alors qu'elle était encore toute petite. Elle a fait la même chose avec ses autres filles Zeineb, Roqueyya et Oum Kelthoûm en remplissant leurs cœurs de l'amour de l'Islam malgré le fait que leurs époux étaient encore polythéistes à l'époque : Abou Al-'As (qui embrassa l'Islam par la suite) 'Otba et 'Otayba (qui répudièrent les filles du Prophète ﷺ en guise de représailles).

L'historien Tabari décrit une scène magnifique entre Zeineb et sa petite sœur Fâtima, qui a eu lieu lorsque Zeineb alla rendre visite à son père, la première fois, depuis la descente de l'Archange Gabriel عليه السلام sur le Prophète ﷺ.

Cette magnifique scène ayant mis aux prises les deux sœurs a été aussi rapportée par Ibn Hijr dans son livre « *Al-Isâba* », où il a mis en exergue le rôle magnifique de la grande Khadîja dans la parfaite éducation de ses filles.

En effet, en voyant sa sœur aînée, faire irruption dans la maison, Fâtima s'empressa de lui dire : « Ô sœur ! Sais-tu que désormais tu es la fille du Prophète de cette communauté ? » Zeineb lui répondit : « Oui...Par Allah, je le sais Ô Fâtima ! Quelle est la fille qui ne se réjouirait pas d'un tel honneur et quel honneur ! Seulement j'ai entendu de mon oncle maternel (Waraqa) que mon père serait traité de menteur, en butte à la persécution, poussé vers l'exil, puis combattu par son peuple... » Une autre fille à la place de la petite Fâtima aurait sans doute réagi avec frayeur en entendant de tels propos.

Ce ne fut pas le cas pour Fâtima qui, convaincue par les dires de sa mère, lança en direction de sa sœur : « Par Allah, ma mère a dit à mon père : « Ô Abou Al-Qâsim, réjouis-toi. Ô Mohammed, rassure-toi, Allah prendra soin de nous. Par Allah, Allah ne te désavouera jamais ! Tu préserves les liens de parenté, tu es sincère dans tes propos, tu es fidèle, tu aides le faible, tu honores l'hôte et tu fais face, avec tout le monde, aux vicissitudes de la vie. »

Et voilà que Zeineb embrassa l'Islam. Zeineb portait un amour profond à son mari qui était très estimé par le Messager d'Allah ﷺ. A l'époque, son mari refusa dans un premier temps, de déclarer sa conversion à l'Islam, de peur d'être traité par les qoraïchites de lâche, et que l'on dise de lui qu'il était soumis à sa femme. Néanmoins, Khadîja rassura sa fille en lui disant qu'Abou Al-'As finirait par déclarer sa conversion à l'Islam, une fois assuré de la conversion d'une partie de son peuple. Et c'est effectivement ce qui se passa peu de temps après…

Parmi ces attitudes sublimes par lesquelles s'était illustrée Khadîja en tant que mère, on ne peut s'empêcher de souligner l'attitude adoptée par celle-ci envers le voyage de sa fille vers l'Abyssinie, lors de la première émigration, lorsque le Prophète ﷺ recommanda à ses compagnons d'émigrer vers le pays en question, en leur disant : « Il vous est préférable de sortir vers l'Abyssinie, une terre plus clémente, gouvernée par un roi qui ne tolère aucune injustice sur son sol, en attendant qu'Allah le Très-Haut donne une issue favorable à vos peines. »

Parmi les émigrants vers cette terre d'asile, il y avait justement Roqueyya, fille du Prophète ﷺ ainsi que son époux 'Othmane Ibn 'Affane ﵁.

Les adieux entre Khadîja et sa fille furent émouvants et la séparation entre elles insupportable, mais il fallait bien quitter la Mecque qui devenait hostile et implacable pour les premiers croyants dont faisaient partie Roqueyya et son époux 'Othmân ﵁. Ce qui ajoutait encore à l'émotion de cette scène de séparation, c'est que chacune des deux femmes avait le préssentiment que de tels adieux seraient les derniers. La preuve en est que Khadîja quitta ce monde avant le retour de sa fille Roqueyya d'Abyssinie, de quelques minutes seulement.

La maladie de Khadîja

La haine des polythéistes envers le Messager d'Allah ﷺ prit de l'ampleur, alors que par ailleurs, le nombre des musulmans était encore réduit au tout début de l'appel à l'Islam. Certes, certaines personnalités de marque parmi les qoraïchites avaient rejoint les effectifs des musulmans, mais la majorité appartenait à la tribu de Mohammed ﷺ, proche des Banou 'Abd El-Mouttalib et des Banou Hâchem.

On rapporte qu'une fois Abou Djahl passa devant le Prophète ﷺ qui se trouvait à l'endroit appelé « Asaafa » et se mit à proférer gratuitement des insultes à son encontre et à blasphémer sans que le Prophète ﷺ ne réponde à ses provocations. Au même moment, une femme qui était dans une maison juste au dessus avait avait été témoin de cette scène ce qui l'amena à haïr Abou Djahl à cause de son comportement obscène non sans louer au passage la noblesse de caractère du Prophète ﷺ. Aussi, quand l'oncle paternel de ce dernier, Hamza Ibn 'Abd El-Mouttalib, fit son apparition, la femme en question s'empressa de l'informer des mauvais agissements d'Abou Djahl ainsi que de la digne retenue adoptée par le Messager d'Allah ﷺ.

A cette époque-là Hamza رضي الله عنه avait déjà embrassé pleinement l'Islam. Il était pour ainsi dire un héros courageux au physique impressionnant, craint par tout le monde. Dès que Hamza fut informé par la femme des propos tenus par Abou Djahl à l'encontre de la personne du Prophète ﷺ, il avança directement vers le cercle où Abou Djahl avait l'habitude de se réunir avec un groupe de qoraïchites. Hamza ؓ revenait de la chasse et portait sur lui son arc. D'un pas décidé, il s'avança en direction d'Abou Djahl qui, en le voyant venir, fit semblant de l'ignorer complètement. Mais une fois devant lui, Hamza se saisit de l'arc et asséna un violent coup sur la tête d'Abou Djahl, faisant gicler son sang avant de lui crier : « Oses-tu insulter Mohammed, alors que j'ai adopté sa religion, espèce de dépravé ! Je vais te dire ce que j'ai à dire…Et réponds-moi si tu en as le courage. »

Abou Djahl était de nature lâche, ce qui l'a amené à demander l'aide de ceux qui l'entouraient parmi les polythéistes issus des Banou Makhzoum. Seulement, en voyant Hamza dégainer ses flèches, ces derniers restèrent de marbre…

Ce à quoi Abou Djahl dit : « N'en voulez pas à Abou 'Amara (allusion faite à Hamza) car je viens d'insulter son neveu avec méchanceté. »

Par ailleurs, 'Omar Ibn Al-Khettab ؓ avait, lui aussi, embrassé l'Islam au même titre que Hamza Ibn 'Abd El-Mouttalib. C'était un homme robuste qui forçait le respect. Néanmoins, le Messager d'Allah ﷺ espérait voir l'ensemble des qoraïchites se convertir à l'Islam.

Un jour, Al-Walid Ibn Al-Moughira (père de Khaled Ibn Al-Walid) accompagné d'Al-'As Ibn Waïl et d'Oumiyya Ibn Khalaf vinrent trouver le Prophète ﷺ et lui firent cette proposition : « Ô Mohammed ! Si tu veux unifier les rangs des qoraïchites, il t'appartient d'adorer ce que nous sommes en train d'adorer et en contrepartie nous adorerons ce que tu es en train d'adorer. Auquel cas, nous sommes prêts à mettre à ta disposition tout ce que tu demandes comme richesses et à te faire épouser la Makhzoumite de ton choix. »

Pour rappel, les Makhzoumites étaient les plus belles femmes arabes à l'époque si bien qu'on leur attribuait l'appellation de « Myrtes des Arabes. » En réponse à la proposition des idolâtres, Allah le Très-Haut révéla à Son Messager la sourate suivante :

« *Dis : Ô vous les infidèles ! Je n'adore pas ce que vous adorez. Et vous n'êtes pas adorateurs de ce que j'adore. Je ne suis pas adorateur de ce que vous adorez. Et vous n'êtes pas adorateurs de ce que j'adore. A vous votre religion, et à moi ma religion.* ». (S. 109, V. 1-6)

Les dignitaires de qoreïch revinrent plusieurs fois à la charge pour essayer de compromettre le Prophète ﷺ avec des propositions d'ordre bassement matériel, qu'il rejeta avec dédain en répondant : « Par Allah, s'ils arrivent à placer le soleil sur ma droite et la lune sur ma gauche, pour que j'abandonne cette mission, je ne l'abandonnerai pas, jusqu'à ce qu'Allah la fasse triompher ou que je meure avant de l'avoir accomplie ! ».

Désespérant alors de voir le Prophète ﷺ leur faire des concessions, les dignitaires qoreïchites décidèrent d'imposer à son clan les Banou Hâchim, les Banou 'Abd El-Mouttalib ainsi qu'à leurs alliés parmi les autres tribus, un sévère embargo afin de faire pression sur eux et de les amener à leur livrer Mohammed ﷺ ou, du moins, à lui retirer leur soutien. En plus du boycott économique, les dignitaires de qoreïch décrétèrent que personne ne devait plus conclure de mariage avec les Banou Hâchim ni avoir de relations avec eux, et ce de quelque nature que ce soit.

Pour ce faire, ils firent appel à un homme qui savait écrire, du nom de Mansour Ibn 'Ikrima Ibn Hachim Ibn 'Abd Manaf Ibn 'Abd Ed-Dâr Ibn Qoçayy et lui dictèrent les articles de leur document, sur lequel ils apposèrent leurs sceaux, avant de faire serment de le respecter à la lettre.

Les polythéistes avaient pour habitude d'entamer chaque engagement écrit par l'expression « *Bismika Allahoum* » (Par Ton Nom ô Allah !) Car ils voulaient ainsi associer leurs divinités et leurs idoles à Allah. Chose qu'ils firent d'ailleurs dans leur document.

Ensuite, ils décrétèrent l'état de quarantaine dont les effets commencèrent à être ressentis par les musulmans de façon générale et par la maison du Prophète ﷺ de façon particulière.

Entre-temps, les polythéistes essayèrent, en vain, de convaincre le Messager d'Allah ﷺ d'adorer leur divinité en contrepartie de leur adoration d'Allah le Très-Haut mais, Allah le Très-Haut, révéla par le biais de l'Archange Gabriel ﷺ les versets suivants :

« *Allah est le Créateur de toute chose, et de toute chose Il est garant. Il détient les clefs des cieux et de la terre ; et ceux qui ne croient pas aux versets d'Allah, ce sont ceux-là les perdants. Dis : « Me commanderez-vous d'adorer autre qu'Allah, Ô ignorants ? » En effet, il m'a été révélé, ainsi qu'à ceux qui t'on précédé : « Si tu donnes des associés à Allah ton œuvre sera certes vaine ; et tu seras très certainement du nombre des perdants. Tout au contraire, adore Allah et sois du nombre des reconnaissants. » Ils n'ont pas estimé Allah comme Il devait l'être alors qu'au Jour de la résurrection, Il fera de la terre entière une poignée, et les cieux seront pliés dans Sa [main] droite. Gloire à Lui ! Il est au dessus de ce qu'ils Lui associent.* » (S. 39, V. 62-67).

Lorsque furent révélés ces nobles versets et que le Messager d'Allah ﷺ les récita devant les musulmans, les idolâtres commencèrent alors à perdre tout espoir de convaincre Mohammed ﷺ d'accepter leurs propositions d'autant plus qu'ils venaient de vérifier à leur dépends sa persistance à mépriser les idoles et à refuser leur association à Allah.

Les idolâtres intensifièrent donc l'état de quarantaine autour de la famille du Prophète ﷺ au point que la nourriture ne parvenait jusque chez lui, que rarement et discrètement.

C'est au cours de cette mise en quarantaine, que Khadîja tomba malade. Elle trouva à ses côtés le Prophète ﷺ pour prendre soin d'elle avec tendresse. Même pendant sa maladie, qui alla en empirant, elle continua à l'encourager, à le rassurer, à le soutenir et, parfois, à lui rappeler les propos de son cousin paternel (Waraqa Ibn Noufel) selon lequel il serait persécuté et même combattu comme ce fut le cas des prophètes et des messagers qui ont été envoyés par Allah le Très-Haut avant lui.

Les polythéistes ne trouvèrent pas mieux que d'attacher à l'intérieur même de la Ka'ba leur document (Sahîfa) dans lequel figuraient les différents articles de leur engagement à boycotter les Banou Hachim et les Banou 'Abd El-Mouttalib. En prenant connaissance du contenu du document, le Prophète ﷺ reçut la nouvelle avec une grande peine, lui qui mesura les conséquences d'un tel embargo sur les musulmans surtout que celui-ci coïncida avec la maladie de Khadîja son épouse, qui ne s'en releva malheureusement pas.

Khadîja lors de la
de mise en quarantaine

Le plan prôné par les polythéistes était à la fois diabolique et inique envers des musulmans en petit nombre comparé à celui important des idolâtres. Ils n'avaient même pas les moyens leur permettant de déjouer l'embargo qui a été imposé aussi bien à eux qu'à leurs demeures.

Khadîja avait en la personne de son neveu, un certain Hakim Ibn Hizam Ibn Khûwaylid (qui embrassera plus tard l'Islam), un soutien de taille puisqu'il ne ménageait aucun effort pour lui acheminer secrètement, et de nuit, de la nourriture à elle, au Prophète ﷺ ainsi qu'aux autres musulmans. Malheureusement, Hakim ne put faire acheminer de la nourriture au Prophète ﷺ ainsi qu'à son épouse Khadîja régulièrement. En effet, Abou Djahl le prit un jour en flagrant délit en compagnie d'un garçon, transportant du blé et de la nourriture en direction de la demeure de Khadîja. Il serra Hakim par ses vêtements et cria à sa face : « Oses-tu acheminer de la nourriture aux Banou Hachim ? Par Allah, vous ne serez pas tranquilles, tes complices et toi, jusqu'à ce que je te dénonce, car tu viens, en agissant de la sorte, de trahir les engagements contenus dans notre document accroché au mur de la Ka'ba. Et les deux hommes en sont même venus aux mains. Un homme, proche parent de Khadîja, du nom d'Abou Al-Bouhtari Ibn Hicham Ibn Al-Hareth Ibn Assad, qui était robuste et nanti d'un physique impressionnant, assista à cette altercation puis avança en direction d'Abou Djahl pour le saisir par l'épaule et le secouer violemment en lui déclarant : « Qu'est ce qui te prend ? Que t'a-t-il fait ? ». Abou Djahl répondit : « Je l'ai surpris en train d'acheminer de la nourriture vers les Banou Hachim ». Abou Al-Bouhtari lui répliqua en ces termes : « De la nourriture pour sa tante paternelle et de surcroît Khadîja, la maîtresse des femmes qoraïchites ! As-tu l'idée de lui interdire l'acheminement de nourriture à sa tante ? Écarte-toi de son chemin ! ». Non seulement il refusa de s'exécuter, mais bien plus, Abou Djahl tenta même d'agresser Abou Al-Bouhtari. En réponse, ce dernier le frappa d'un coup si violent qu'il fit tomber Abou Djahl sur le sol avant de se relever et de prendre la fuite.

Malgré sa maladie qui ne lui laissa aucun répit, Khadîja ne cessa de demander au Prophète ﷺ de faire preuve de patience face aux persécutions des idolâtres qui s'acharnaient contre lui.

Un jour, le Prophète ﷺ retourna chez lui avec de la poussière qu'un polythéiste fit répandre sur sa noble tête. En le voyant, Fâtima az-Zahra – encore toute petite – s'empressa de lui épousseter sa tête, émue par ce qu'elle vient de voir, avant d'éclater en sanglots, car elle était de nature sensible et aimait son père d'un amour sans bornes. D'où sa grande ressemblance avec lui. Elle était surnommée à juste titre « la mère de son père ».

En voulant apaiser sa peine, Khadîja lui dit : « Ne pleure pas, Ô Fâtima ! Chaque Prophète avait enduré de la part des infidèles ce que ton père vient d'endurer à présent ». Mais Fâtima continua à pleurer. Avec la paume de sa noble main, le Messager d'Allah ﷺ essuya les larmes de Fâtima, puis la serra contre sa poitrine avant de lui embrasser le front et de lui dire : « Ô ma fille. Ne pleure pas car ton père est protégé par Allah le Très-Haut »

Le Messager d'Allah ﷺ faisait tout ce qui était en son possible pour rendre heureuse Khadîja et lui remonter le moral pendant sa maladie, lui qui connaissait la profondeur de sa foi en Allah et en Son message, ainsi que ses sacrifices pour la religion.

Quand il sut que Mansour Ibn 'Ikrima, l'auteur du fameux écrit du feuillet des idolâtres, perdit l'usage de sa main droite, et qui était celle avec laquelle il avait rédigé le document en question, il s'empressa d'en informer Khadîja dont le visage s'illumina de foi avant de lui dire : « Gloire à Toi, Ô Allah… Je te l'avais dit, Ô Mohammed, qu'Allah le Très-Haut ne te ferait jamais un tel désaveu. Par contre, Il le fera pour les polythéistes et leur document ». Événement qui eut lieu comme l'avait prédit Khadîja.

Tout le monde, parmi les croyants et les idolâtres, se mit à rapporter la nouvelle de la paralysie de la main droite de Mansour Ibn ʻIkrima. À ce titre, Hichem Ibn ʻAmrou Ibn Al-Harith Al-ʻAmiri alla voir Zoheir Ibn Oumeyya, le fils de ʻAtika Bint ʻAbd El-Mouttalib et lui dit : « Ô Zoheir, sais-tu que Mansoûr Ibn ʻIkrima a perdu l'usage de sa main droite avec laquelle il avait écrit le maudit document ? » Zoheir répondit : « Oui… Je le sais ». Hichâm ajouta : « Je m'étonne de ton indifférence totale en te voyant manger et te vêtir comme bon te semble alors qu'en face, tes oncles maternels n'ont pas de quoi se nourrir à cause de l'embargo qu'on leur a imposé. »

Zoheir baissa la tête. Puis Hichâm l'interpella en ces termes : « Si j'étais à ta place, je n'accepterais jamais une telle humiliation. » Zoheir répondit : « Ô Hichâm ! Doucement. Que veux-tu que je fasse. Je suis un homme seul… Par Allah s'il y avait un homme à mes côtés, je me serais dirigé vers la Kaʻba et j'aurais déchiré ce maudit document ». Hichâm répondit alors : « Si vraiment tu es à la recherche de cet homme, dis-toi que tu l'as déjà trouvé ». Zoheir demanda : « De qui s'agit-il ? ». Hichâm répliqua : « Il s'agit de moi » Zoheir dit alors : « Qu'Allah te comble de sa miséricorde, Ô Hichâm. »

Ensuite les deux hommes décidèrent d'aller faire part de leur initiative à leurs semblables parmi ceux qui sont connus pour leur courage et leur sens de la justice. Ils furent d'ailleurs rejoints par Abou Al-Bouhtari, Mot'am Ibn ʻAdiyy ainsi que par Zumʻa Ibn Al-Assad. Les cinq décidèrent d'un commun accord de se diriger vers la

Ka'ba, où se trouvaient justement certains dignitaires polythéistes.

Zoheir prit donc l'initiative, fit sept tournées rituelles autour de la Ka'ba avant de s'arrêter pour lancer en direction des gens : « Ô les habitants de la Mecque... Est-il acceptable de notre part de manger de la nourriture, de boire des breuvages et de porter des vêtements alors qu'en face les Banou Hachim et les Banou 'Abd El-Mouttalib sont en train de mourir de faim et de soif ?! Par Allah, je ne saurais être tranquille tant que ce maudit document de boycott n'est pas déchiré !... »

Abou Djahl qui était dans un coin de la Ka'ba se leva dès qu'il entendit ses propos pour lui répondre à haute voix : « Tu mens. Par al-Lât et al-'Ozza, tu ne pourrais jamais déchirer ce document. »

Cette réponse fit réagir Zum'a Ibn Al-Assad lequel cria à sa face : « Par Allah, tu es le plus grand menteur des créatures d'Allah... Nous n'avons jamais été d'accord avec vous sur le contenu de ce document ».

Comment oseriez-vous l'attacher au sein même de la Ka'ba, alors que celle-ci appartient à tout le monde ?! ». Al-Bouhtari lui emboîta le pas en disant : « Zum'a a raison... Nous ne sommes pas d'accord sur le contenu de l'écrit et nous ne le reconnaissons plus ». Tout comme eux, Mot'am Ibn 'Adiyy intervint en disant : « Tous deux vous avez raison. Tout autre qui dirait le contraire aurait tort. Nous concernant, nous avouons notre innocence devant Allah envers ce document et son contenu ». Abou Djahl dit alors dans un accès de colère : « Par Allah, c'est là un complot qui a été fomenté de nuit ! ». Il voulait parler de l'accord conclu par les chefs qoreïchites opposés à ce document inique.

Ensuite Mot'am Ibn 'Adiyy se dirigea tout droit vers le mur sur lequel avait été attaché le fameux document. Et voilà qu'un évènement étrange étonna tout le monde. En effet, dès que Mot'am toucha le feuillet, celui-ci tomba en miettes tel un soufflet de coton désintégré. On réalisa par la suite qu'un termite en était la cause. Un insecte connu à la Mecque pour ronger le papier et le bois en les réduisant en poussière. En ayant vent de la nouvelle, les gens se précipitèrent vers le mur sur lequel était attaché le feuillet pour constater de visu qu'il ne restait de ce dernier que la partie portant l'expression : « *Bismika Allahoum !* ». C'est alors que Hichâm leva la voix en lançant : « Même après tout ce qui vient d'arriver, vous persistez à ne pas croire qu'Allah est Unique, n'a pas d'associé et que Mohammed est Son Serviteur et Son Messager ? ». Zoheir intervint et dit : « Expliquez-moi pourquoi vos divinités n'ont rien fait pour protéger le feuillet et éviter qu'il ne soit rongé par cette très petite bestiole (termite) ? Al-Bouhtari (le neveu de Khadîja) alla dans le même sens en s'exclamant : « Gloire et pureté à Allah, le Magnifique ! Il ne resta du feuillet que l'expression « *Bismika Allahoum !* »

Lorsque le Prophète ﷺ apprit la nouvelle, il informa à son tour Khadîja, dont l'état de santé ne faisait qu'empirer. Aussitôt, son visage qui était pâle, s'illumina comme par enchantement pour retrouver toute sa splendeur. Elle fit passer sa main sur le front du Prophète ﷺ et lui fit cette confession : « Ne t'ai-je pas dit que jamais Allah le Très-Haut ne te ferait un tel désaveu, Ô Mohammed ?! »

De tels propos n'avaient rien d'étonnants, tant ils émanaient d'une femme qui avait déjà la réputation avant l'Islam, d'avoir un vif penchant pour la dévotion et à qui la vénération des idoles, inspirait une très profonde aversion. Une femme qui portait bien l'appellation de la pure et qui était de surcroît la grand-mère des deux illustres Imams, Al-Hacène et Al-Hocine, et qui était la mère de Fâtima az-Zahra. Le contraire aurait été étonnant.

Tous les historiens s'accordent à dire que Mohammed ﷺ ne cachait rien à Khadîja. D'ailleurs Ibn Ishâq rapporta cette vérité dans l'ouvrage « *As-samt ath-thamîne* » (le silence précieux) en disant : « A chaque fois que le Messager d'Allah ﷺ entendait des paroles désobligeantes et vexantes à son encontre, il trouvait par la grâce d'Allah, auprès de Khadîja, tout le réconfort et le soulagement dont il avait besoin, ainsi que cette foi inébranlable. En clair, elle lui faisait chasser tous ses tourments quand il se présentait chez elle. Elle adopta la même attitude jusqu'aux derniers instants de sa vie.

La mort de la confidente et de la compagne dévouée

Mohammed ﷺ ne quittait presque jamais Khadîja lors de cette maladie qui précipita sa mort. Entre-temps, ses filles Fâtima az-Zahra et Oum Kelthoûm faisaient le nécessaire pour demeurer au chevet de leur mère. Ce ne fut pas le cas de Roqueyya, épouse d'Othmane رضي الله عنه qui était précisément sur le chemin du retour vers la Mecque, en compagnie de son époux et d'un groupe d'émigrants, revenant de leur lointain exil en Abyssinie.

Les historiens divergent sur la date exacte de la mort de Khadîja. Il reste que la thèse la plus retenue à ce titre est que sa mort eut lieu le 10 du mois de Ramadhân, de l'an dix de la Révélation, et trois ans avant l'émigration du Prophète ﷺ de la Mecque vers Yathrîb (actuelle Médine). Elle avait alors soixante cinq ans. Sa mort est intervenue trois jours après celle d'Abou Tâleb.

Des informations colportées ici et là faisant état de la conversion à l'Islam des habitants de la Mecque, parvinrent aux oreilles des premiers émigrants en terre d'Abyssinie. Des informations qui mentionnaient même l'accomplissement de leurs prières derrière le Messager d'Allah ﷺ ainsi que sur sa famille et sur l'ensemble de ses compagnons.

Mais ces informations s'avérèrent fausses et dénuées de tout fondement, et dès que les émigrants furent de retour à la Mecque, ils s'en rendirent compte. Bien plus, la haine et l'hostilité des polythéistes envers le Messager d'Allah ﷺ et les croyants prirent de l'ampleur. Le plus intéressant ici est de savoir que les premiers émigrants vers l'Abyssinie ne reçurent que la bonne nouvelle de la conversion des Mecquois, sans aucun élément supplémentaire et ils accueillirent cela avec joie et réjouissance. Ce qui incita la majorité d'entre eux à prendre le chemin du retour vers la Mecque, étant donné, pensaient-ils, que tout le monde s'était converti à l'Islam, consacrant ainsi le rassemblement de tout le monde sous l'égide de l'Islam.

Les premiers émigrants, poussés donc par l'élan de la joie procurée par ce beau rêve, revinrent vers leur patrie d'origine. Néanmoins, le rêve qu'ils caressaient s'estompa dès leur arrivée à la Mecque, où les polythéistes leur réservèrent un accueil spécial, ponctué de sévices et de persécutions. Ils ne durent leur salut qu'à leur dispersion et à leur fuite.

Ensuite Al-Walid Ibn Al-Moughira accorda sa protection à quelques uns d'entre eux, tout comme l'avait fait Abou Tâleb Ibn 'Abd El-Mouttalib, qui avait agi de même avec les autres. Par contre, le reste du groupe trouva refuge dans l'enceinte même de la Ka'ba tout en ayant à l'esprit qu'ils ne seraient pas à l'abri des méfaits des idolâtres, qui ne respectaient la sacralité d'aucune chose.

Lorsque le Messager d'Allah ﷺ apprit la nouvelle du retour des premiers émigrants d'Abyssinie, il sortit pour les accueillir en compagnie d'"Ali Ibn Abou Tâleb, d'Omar Ibn Al-Khettab et d'un groupe constitué de quelques personnalités influentes parmi les musulmans, après l'autorisation de Khadîja étant donné son état de santé, qui n'appelait guère à l'optimisme.

La miséricorde d'Allah le Très-Haut évita à Son Messager ﷺ l'épreuve douloureuse d'être au chevet de Khadîja lorsque celle-ci rendit son dernier souffle même si quelques historiens soutiennent le contraire, affirmant que le Prophète ﷺ était bel et bien à ses côtés au moment où elle rendit son âme pure pour rejoindre son Créateur.

Le choc de sa disparition fut à la fois brutal et douloureux pour Fatima az-Zahra et Oum Kelthoûm. S'agissant de Zeïneb, rien ne prouvait sa présence au moment de la disparition de sa chère mère. Même les versions rapportées à son sujet divergent dans leur appréciation de l'évènement. Me concernant, je penche plutôt du côté de la version soutenant que Zeïneb était également présente au chevet de sa chère mère quand la maladie de cette dernière s'aggrava, pour la simple raison que son époux Abou Al-'As Ibn Rabi' considérait Khadîja comme sa propre mère d'autant plus qu'il s'agissait de sa tante maternelle. Qui plus est, elle était à l'origine de son mariage avec sa fille Zeïneb رضي الله عنها.

Dès que Roqueyya arriva à la maison de ses parents, Oum Kelthoûm au même titre que Fatima, s'empressèrent de l'accueillir. A la vue de ses deux sœurs, elle resta interdite avant que celles-ci n'éclatent en sanglots. Dès lors, Roqueyya comprit que sa bien-aimée mère venait de quitter ce bas monde.

Aucun mot ne pourrait dépeindre la tristesse dans laquelle se trouvait plongé le Prophète ﷺ au moment de la disparition de Khadîja. Néanmoins, on reste convaincu que malgré l'ampleur de sa tristesse, celui-ci fut vite absorbée par sa foi profonde en Allah le Très-Haut, son acceptation de la volonté divine et sa foi en sa rencontre imminente (avec elle) dans l'au-delà. D'où cette félicité éternelle réservée aux croyants.

Khadîja fut enterrée dans le cimetière appelé « Al-Jahoûn » se trouvant à l'extrémité de la Mecque. Le Prophète ﷺ s'était lui-même chargé de la placer dans sa tombe. De ses nobles mains, il prit soin de répandre de la terre sur elle, en lui faisant ses derniers adieux, dans l'attente des retrouvailles éternelles de la vie future, dans un séjour de vérité auprès d'un Seigneur Omnipotent.

Ce qui est certain, c'est qu'après la disparition de Khadîja, le Messager d'Allah ﷺ ne pensa plus à prendre femme. La preuve en est qu'il resta plus de trois an, après ce tragique épisode, sans que l'idée de se remarier ne vienne lui effleurer l'esprit. Son chagrin était tel que son doux et radieux sourire qui illuminait jadis les traits de son visage commençait à décliner, voire à s'effacer peu à peu pour ne plus briller sur les cœurs de ses compagnons, lesquels ne cessaient de lui répéter : « Fasse qu'Allah revivifie ton sourire, Ô Messager d'Allah ! ». Car un sourire doux et radieux venait tout simplement de disparaître.

Les signes de deuil se lisaient facilement sur les traits de son beau visage, que traduisaient parfaitement le regard de ses yeux et la résonance de sa noble voix.

Le deuil du Prophète ﷺ s'aggrava davantage avec l'autre disparition de taille, celle de son oncle paternel, Abou Tâleb, qui eut lieu trois jours avant celle de Khadîja. Il faut reconnaître que malgré le fait qu'il n'avait pas proclamé publiquement sa foi en l'Islam (certaines sources précisent qu'il l'avait fait en cachette des autres dignitaires de qoreïch), Abou Tâleb avait eu un comportement des plus honorables envers le Prophète ﷺ, si on devait comparer son attitude envers son neveu avec celle hostile et agressive d'Abou Lahab, son autre oncle. Bien au contraire, Abou Tâleb, qui l'aimait beaucoup et qui était certainement convaincu de sa sincérité, l'avait protégé et assisté à la mesure de ses capacités, jusqu'au dernier instant de sa vie. Sa disparition causa un grand chagrin au Messager d'Allah ﷺ. Cette succession d'épreuves douloureuses poussa d'ailleurs ses valeureux compagnons à désigner cette année sous l'appellation de « l'année du deuil ».

A chaque fois que le Messager d'Allah ﷺ s'apprêtait à rentrer chez lui, sa peine et sa tristesse se faisaient plus pesantes pour lui, surtout qu'il trouvait sa maison vide et orpheline de cette grande femme dont la présence remplissait la maison de joie, de bien-être et de sérénité. Car Khadîja était à la fois une épouse, un être très cher, une mère, une confidente et une compagne. Il ne resta donc à la maison que Fatima qui était à l'époque très jeune et qui plus est, avait grandement besoin de la tendresse maternelle à un tel âge. Il est vrai que sa grande sœur Zeïneb faisait tout son possible pour alléger un tant soit peu la peine et le chagrin de sa jeune sœur, suite la disparition de sa mère. Elle adopta un comportement maternel vis-à-vis de sa petite sœur Fatima. Seulement, en tant qu'épouse pieuse et fidèle, elle se devait de s'occuper en même temps de son propre foyer, c'est-à-dire de son époux El-'As, de son fils 'Ali et de sa fille Oumâma.

Tel qu'il est connu, le Messager d'Allah ﷺ aimait Fatima d'un amour sans bornes et savait pertinemment que son jeune âge et sa vulnérabilité ne lui permettaient guère de supporter la charge de la responsabilité de la maison, car elle-même avait besoin que l'on s'occupe d'elle.

Par ailleurs, aucun des compagnons n'avait le courage de parler au Prophète ﷺ de mariage. Seulement, à l'époque se trouvait une femme très pieuse qui était une amie très proche de Khadîja et qui s'appelait « Khawla bint Hakim as-Salmiyya ». Très peinée par l'épreuve que subissait le Prophète ﷺ et par le chagrin et la douleur morale qui l'avaient envahi, elle décida un jour de lui rendre visite. Une fois devant lui, elle prit la parole pour lui dire : « Ô Messager d'Allah ! Il me semble que depuis la disparition de Khadîja, tu es resté seul ? Il lui répondit : « Comment ne pas l'être. Elle qui était la mère de mes enfants et la maîtresse de la maison ». Khawla répondit : « Ô Messager d'Allah ! Il faut que tu te maries, car tu as besoin de quelqu'un pour s'occuper de toi et de Fatima ». Le Messager d'Allah ﷺ lui demanda avec tristesse et désolation : « Qui va remplacer Khadîja ? ». Khawla répliqua : « La fille de la personne la plus aimée auprès de toi. ».

Il lui demanda : « De qui s'agit-il ? » Elle lui déclara : « La fille d'Abou Bakr As-Saddiq. »

Le Messager d'Allah ﷺ resta interdit devant une telle confidence car il venait tout simplement de se rappeler du rêve qu'il avait fait et dans lequel il avait vu l'Archange Gabriel عليه السلام lui ramener 'Âïcha en lui disant : « Voilà ton épouse ». A l'époque, 'Âïcha était une toute petite fille.

Dans son ouvrage portant sur l'agréable biographie du Prophète ﷺ, Ibn Hichâm rapporte que, dès que Khawla Bint Hakim [1] parla de 'Âïcha, le cœur du Prophète ﷺ retrouva la joie qui lui manquait tant, précisément à la mention du nom de son bien-aimé compagnon (Abou Bakr), un homme qui n'était pas semblable aux autres hommes, du fait qu'il fut le premier à donner

1. Cf « *Les femmes compagnonnes* ». Par 'Abd El-'Azîz Echennâoui. Éditions La Bibliothèque du patrimoine islamique, le Caire, Egypte.

du crédit à ses paroles et à croire en lui, après son cousin paternel 'Ali Ibn Abou Tâleb ﷺ.

Puis le Messager d'Allah ﷺ dit à Khawla (au sujet de Âïcha) « Mais elle est encore jeune! ». Elle lui répondit: « Oui! Je le sais, Ô Messager d'Allah! Seulement je demanderai sa main pour toi. Quant au mariage, tu pourras attendre le temps de sa maturité ».

Il aurait donc à attendre deux ou trois années au moins pour le faire. Mais comment attendre tout cette période alors que par ailleurs son foyer avait plus que jamais besoin d'une femme pour le gérer et s'occuper en même temps de sa petite fille Fâtima! Le Messager d'Allah ﷺ garda le silence mais ce qui le préoccupait à cet instant là n'avait pas du tout échappé à Khawla qui lui fit cette réflexion: « J'ai une autre femme à te proposer. Certes, elle n'est pas une vierge comme 'Âïcha, étant donné qu'elle a déjà été mariée auparavant. Et elle n'a pas non plus la beauté de Khadîja (qu'Allah les agrée toutes). C'est vrai qu'elle est âgée, elle a un teint très brun et beaucoup d'embonpoint. Néanmoins, il s'agit d'une femme croyante, dotée d'un bon cœur, débordant de tendresse. Une femme qui est capable de prendre soin de ta maison et de s'occuper convenablement de ta fille Fatima, à la place de sa mère. Si tu veux, tu peux la prendre comme épouse en attendant que 'Âïcha grandisse. »

Quand le Messager d'Allah ﷺ voulut savoir de qui il s'agissait, Khawla lui répondit: « Elle s'appelle Sawda

Bint Zum'a Ibn Kaïs, issue des Banou 'Ameur Ibn Lou'ey et sa mère s'appelle Al-Chamous Bint Kaïs.

Sawda était mariée à un homme, du nom d'Essekrane Ibn 'Amrou, qui fut parmi les premiers à embrasser l'Islam et à émigrer vers l'Abyssinie. où il mourut pendant son exil.

Khawla continua : « Sawda est aussi la sœur de Malek Ibn Zum'a ». Lui aussi, faisait partie du groupe ayant émigré vers l'Abyssinie.

Le Prophète ﷺ ne resta pas insensible aux propositions que lui faisait Khawla Bint Hakim puisqu'il l'invita tout simplement à demander pour lui successivement la main de 'Âïcha et la main de Sawda (qu'Allah les agrée toutes).

Sawda Bint Zum'a fut ainsi la première épouse à rentrer dans la maison du Prophète ﷺ après la mort de Khadîja.

Que ce soit Sawda ou une autre des épouses du Prophète ﷺ, aucune d'elles ne parvenait à remplir ne serait-ce qu'un dixième du vide laissé par la disparition de Khadîja. Et Sawda le savait pertinemment. On rapporte à son sujet qu'elle avait avoué être la femme la plus désintéressée par le mariage sur terre. Et que si elle avait accepté d'épouser le Prophète ﷺ c'était uniquement pour qu'elle fasse partie des nobles mères des croyants et afin d'être ressuscitée comme l'une des épouses du Prophète ﷺ au jour de la résurrection.

Sawda était une femme très corpulente. Il est rapporté à ce titre dans le livre « *Al-Isti'ab* » qu'une fois, elle avait dit au Prophète ﷺ : « Ô Messager d'Allah ! Cette nuit j'ai prié derrière toi. Au moment de l'inclinaison j'étais obligé de me pincer le nez pour éviter tout saignement ». Chose qui avait fait rire le Prophète ﷺ.

Le Messager d'Allah ﷺ demeura avec Sawda avant d'épouser ensuite 'Âïcha, fille d'Abou Bakr. Âïcha était, certes, très jeune mais dotée d'une remarquable intelligence et d'une grande beauté, avec des cheveux châtains parsemés d'une rougeur presque imperceptible. D'ailleurs grâce à sa sagacité et à son profond amour et son respect pour le Messager d'Allah ﷺ, elle a réussi à occuper une grande place dans son cœur.

Malgré le fait qu'elle soit plus jeune que lui ﷺ de trente ou trente cinq ans, selon les versions, 'Âïcha n'arrivait pas à faire oublier au Prophète ﷺ son amour pour Khadîja. De plus, comme nous l'avons souligné auparavant, 'Âïcha éprouvait de la jalousie à la simple prononciation du nom de Khadîja.

A ce titre, beaucoup d'historiens ont tenu à mettre en exergue certains faits se rapportant à la fidélité admirable du Prophète ﷺ à la mémoire de Khadîja tout comme ces réactions de jalousie de la part de 'Âïcha.

On a pour exemple ce qui a été rapporté dans l'ouvrage « *As-samt ath-thamine* » (le silence précieux) ainsi que dans la chronique de Tabari, à l'instar d'autres écrits au sujet de la visite de Hâla – sœur de Khadîja –

chez le Prophète ﷺ lequel était en compagnie de 'Âïcha. En effet, dès qu'il entendit la voix de Hâla, le Prophète ﷺ sursauta de joie en disant : « Ô Allah ! C'est Hâla bint Khouwailid ». Il venait tout simplement d'entendre la voix de la sœur de Khadîja. N'ayant pas apprécié sa joie et ce, eu égard à sa jalousie pour son mari, 'Âïcha ne put s'empêcher de lui lancer : « Qu'est ce qui te fait rappeler une de ces vieilles femmes qoraïchites, aux gencives rouges, victimes des ans ? C'est comme s'il n'y avait dans ce monde que Khadîja comme femme !? » [1].

Néanmoins il s'agissait-là d'une jalousie propre à une femme éprise de son mari.

Justement 'Âïcha dit à ce titre :

« Je n'ai jamais éprouvé la moindre jalousie à l'égard d'une femme, comme ce fut le cas à l'égard de Khadîja. Le Prophète ﷺ ne m'a épousée que plusieurs années après sa mort. Et il ne s'était jamais remarié tant qu'elle était encore en vie ».

Telle fut la vie exemplaire de la noble et pure Khadîja bint Khuwailid, la première mère des croyants, dont la vie fut un hymne éternel à la foi, à la sincérité, au dévouement, au sacrifice et à la piété. Grande dame elle fut dans ce bas monde, plus grande elle le sera, au Jour de la résurrection, au milieu de jardins et de

1. Cette rencontre entre le Messager d'Allah ﷺ et Khawla bint Hakim a été citée par l'ensemble des historiens mais avec plus de détails dans l'ouvrage « *As-samt ath-thamine* » (le silence précieux) et dans la chronique de Tabari.

fleuves, dans un séjour de vérité auprès d'un Souverain Omnipotent. (S.54, V.55).

Table des matières